我们和你们

中国和瑞士的故事

许颖之 / 主编

五洲传播出版社

图书在版编目（CIP）数据

中国和瑞士的故事 / 许颖之主编 . —北京：五洲传播出版社，2016.3
（我们和你们）
ISBN 978-7-5085-3285-1

Ⅰ . ①中… Ⅱ . ①许… Ⅲ . ①中外关系－国际关系史－瑞士
Ⅳ . ① D829.522

中国版本图书馆 CIP 数据核字（2015）第 312300 号

中国和瑞士的故事

出 版 人：荆孝敏
统　　筹：付　平

主　　编：许颖之
责任编辑：高　磊
装帧设计：北京翰墨坊广告有限公司
出版发行：五洲传播出版社
地　　址：北京市海淀区北三环中路 31 号生产力大楼 B 座 7 层
邮　　编：100088
电　　话：010 – 82000227
网　　址：www.cicc.org.cn
承　　印：北京利丰雅高长城印刷有限公司
版　　次：2016 年 3 月第 1 版第 1 次印刷
开　　本：787×1092mm 1/16
印　　张：15.5
字　　数：220 千字
定　　价：56.00 元

序

相知无远近，万里尚为邻
——写在中瑞建交 65 周年之际

　　2015 年是中华人民共和国同瑞士联邦正式建立外交关系 65 周年，双方分别或共同举办了丰富多彩的庆祝活动。我在瑞士出席庆祝活动期间与瑞士朋友多有交谈交流，既有对中瑞关系 65 年历程的回顾感怀，也有对未来发展的思考展望。

　　中瑞建交 65 年来，两国友谊和互利共赢的各领域务实合作从涓涓细流汇聚成一条奔腾不息的长河，展现出波澜壮阔的图景。

　　——2015 年 6 月，在习近平主席会见出席《亚洲基础设施投资银行协定》签字仪式的瑞士联邦副主席施耐德—阿曼等各国代表后，施耐德—阿曼表示：60 多年来瑞士一直是与中国友好交往的先行者，如今作为创始成员国加入亚投行，继续做中国的合作伙伴，可谓"一以贯之"。

　　——2015 年 1 月，李克强总理在不到两年时间内第二次访瑞，他在会晤瑞士联邦主席索马鲁加时指出，"两国始终坚持相互尊重、坦诚相待、平等合作、互利共赢，这是中瑞关系的政治基础和突出特征。"

　　——2014 年 7 月 1 日，瑞士巴塞尔港口集装箱码头，当分别代表中瑞进出口货物的两个集装箱在汽笛声中完成装卸时，庆祝中瑞自贸协定正式生效的活动达到高潮，瑞士成为中国在欧洲大陆和全球经济 20 强中首个自贸伙伴。

　　——在享有盛名、银行林立的苏黎世金融街，中国建设银行苏黎世分行的筹建工作业已就绪，在瑞人民币离岸交易市场蓄势待发。

　　——从日内瓦莱芒湖畔到沙夫豪森莱茵瀑布旁，从举目皆景的卢塞恩市到绵延不断的阿尔卑斯山，中国游客身影憧憧，随处可见。

——瑞士首都伯尔尼联邦广场上，旅瑞华侨华人和留学生团体联合举办"遇见中国"大型中国文化宣介活动。瑞士太极拳习练者一招一式圆转如意，京剧《白蛇传》选段中瑞士小生扮相俊朗，中瑞朋友同台演出，民众驻足，互动热切。

诚然，中瑞两国相距遥远，国家大小、发展水平、历史文化传统和社会制度存在差异，但这挡不住两国发展友好关系的步伐，不妨碍双方携手开展务实合作的热情，不影响两国人民之间诚挚的友谊。

65年风雨兼程，65年开拓创新，65年真诚友好，65年硕果累累。中瑞关系站在新的历史起点，面临前所未有的发展机遇。新形势下，中瑞两国的共识和共同利益不断增加，深化各领域合作的意愿更加强烈。中瑞互利共赢，合作前程似锦。

"相知无远近，万里尚为邻"。《中国和瑞士的故事》一书的出版，为两国建交纪念活动增添了一抹亮丽的色彩。该书邀请中瑞关系的亲历者和见证者，向读者娓娓讲述他们与瑞士的故事，以分享他们在这段历史长河中撷取的难忘时刻。

希望本书能唤起读者朋友们对瑞士的记忆，激发对瑞士和中瑞关系的兴趣，进一步拉近两国和两国人民间的距离。为此，我谨向作者、编者以及所有关心支持本书出版的各界人士表示衷心感谢。

中华人民共和国驻瑞士联邦特命全权大使

许镜湖

2015年9月于伯尔尼

序

　　鲜有人知的是，瑞士和中国之间持续不断的接触始于 17
世纪，当时我们的一些商人和传教士把目光转向东方，踏上了
"中央帝国"的土地。尽管历史变迁跌宕起伏，两国间的互动
却绵延不断，并随着世纪岁月的流逝变得愈来愈频繁。越来越
多的瑞士人来华，有的还在中国定居，为我们之间的交往铺路，
为构建瑞中友谊添砖加瓦。

　　时光荏苒，世界发生了超乎想象的变化，而我们两国人民
间的联系不断扩大和加强。2015 年是瑞士联邦和中华人民共
和国建交 65 周年。值此机会，我们完全有理由联袂欢庆共同
走过的历程中取得的一个个标志性的杰出成就。

　　1950 年 1 月，瑞士成为最早承认中华人民共和国的西方
国家之一。这是具有奠基意义的时刻，它开创了中国政府对外
关系众多事件中的许多第一，因为两国都重视缔造卓有成效的
政治、经济和文化关系。

　　例如，1980 年，瑞士迅达电梯制造公司与中方合作，成
立了第一家中西合资工业企业。几年后，瑞士信贷银行在中国
创办了合作投资企业，成为外国在华开设的首批金融机构之
一。早在 1982 年，苏黎世就与中国昆明市缔结了伙伴关系，
成为最早与中国建立此类关系的外国城市之一。1991 年，中
国又选择瑞士作为其第一个与之进行双边人权对话的国家。
2007 年，瑞士率先承认中国为市场经济国家。2013 年，中国
与一个欧洲大陆国家及世界 20 大经济体之一签署了第一个自
由贸易协定，你们想必能猜到，这个国家还是瑞士。2015 年，
瑞士又跻身亚洲基础设施投资银行首批西方创始国之列，成为
两国关系进一步密切的标志。瑞士凭借其财政、清洁能源和环
保方面的丰富经验，愿意为亚洲国家的可持续发展提供支持。

　　就这样，我们一起在前进的道路上树立起了一座座里程碑。

其实，意义远不止于此。诚然，说中国和瑞士携手在许多方面首开先河，这是对的；但上述事实并不仅仅是若干个"第一"或纯粹的数量概念，它们体现的首先是我们两国关系的实质内容和稳定质量。我们在彼此信任、开放、互利的稳固基础上，努力促进政治、经济、教育、文化、科学乃至旅游等诸多领域的健康和蒸蒸日上的合作。这些令人乐观和朝气蓬勃的互动，预示着我们两国关系的美好前景，符合双方期待瑞中官方和人员往来越来越强化的愿望。瑞士人民和中国人民虽然远隔千山万水，但在创新、创业和工作方面拥有许多共同点，有利于相互促进和交流。从某种意义上讲，两国公民就是推动我们双边关系发展的一个个使者。

在本书多位作者的回忆和笔录的趣闻轶事中，无论是记叙瑞士 1950 年承认新中国的明智决定，还是讲述一对瑞士夫妇早在上个世纪 70 年代就来到北京教授德语的罕见经历，都使我回想起 30 年前与中国的初次结缘及我随之对这个国家萌生的兴趣。

自 2014 年初到北京任职以来，我常被问及对华印象和在此国度最深的感触是什么。我来回答这些问题并非易事，因为这个拥有数千年悠久历史、发展又甚是神速的国家是那么的多姿多彩，包含着那么多的细微差别！把以上一切浓缩为随意间发表的寥寥数语，断然不妥，岂不是见树不见林，势必忽视其本质！中国是个精彩纷呈的多面镜，提供的观察角度是无限的。正因为如此，我乐意抓住走访每个省市的机会和当地人交谈，尽可能加深对这个丰富多彩国家的了解。

希望诸位饶有兴趣地阅读此书，期待它成为所有愿意增进瑞中美好友谊的人士汲取启迪的一大源泉。

瑞士联邦驻华大使

戴尚贤

（瞿宏法 译）

序

　　瑞士 2015 年欣逢两个特殊的周年纪念日：瑞中协会成立 70 周年和瑞士与中国建交 65 周年。这两件不同寻常的大事，都闪烁着高瞻远瞩、尊重、信任和合作的精神：

高瞻远瞩

　　遥想当年，瑞士一批科学界和经济界有识之士（其中以医学和制药业人士为主），以及瑞士联邦国会的多位议员们，于 1945 年 3 月 6 日召开了瑞中协会的创建大会。协会的创始人之一、曾在 1945 年至 1970 年间担任协会主席的济公（Alfred Gigon）教授、医学博士在一篇序言中这样写道："近年来，中国大大拉近了与我们的距离……这个伟大的民族在过去数十年里所经历的翻天覆地的变化，增进了我们对中国的理解。"这句话在今天依然适用。

　　高瞻远瞩，也是瑞士联邦委员会在 1950 年展现出来的精神。作为首批这样做的西方国家之一，瑞士早在 1950 年 1 月 17 日便承认了刚刚成立不久的中华人民共和国。同年 9 月 14 日，两国正式建立外交关系。瑞士的这一充满勇气的决策，为瑞中两国如今发展良好、多姿多彩而富有活力的双边关系打下了基础。

尊重

　　瑞士和中华人民共和国有着不同的历史、语言、传统和政治制度。然而，"相互尊重"成为两国相互交往的一个基本共识。

　　回顾两国建交 65 年以来的岁月，我们欣喜地看到，瑞士与中国这个多民族国家一直毫无间断地保持并深化各种良好的交往联系，遍及人类共同生活的各个领域——包括科研、经济、文化和旅游。当然，不可否认的是，两国交往过程中也曾有过困难时刻，这对双方都是一种挑战。在这方面，我们深信，只有尊重对方的价值观，才能确保对彼此的尊重和相互间的理解。瑞中协会每年出版两次会刊《瑞中》，里面经常介绍中国各方面的发展动态，并予以尊重和认可。

信任

信任是相互的，建立在共同的经历和彼此间的理解之上。相互信任，是瑞中两国关系的主调。

两国在科学和经济界日益增加的各种交往，特别是个人之间的联系，在中国一向发挥着举足轻重的作用。在企业和个人之间的交往中，"值得信赖"既是友谊的体现，也是一个极为关键的成功因素。多年来，瑞中两国在环境和可持续发展、人权和移民、教育和科技，以及金融领域，都一直展开着交流对话。

合作

瑞中协会成立70年，特别是两国建交65年以来，双方的合作取得了长足发展，其速度令人始料未及。自2010年起，中国已成为瑞士在亚洲最重要的贸易伙伴，也是瑞士全球第三大贸易伙伴，仅次于欧盟和美国。此外，已有将近600家瑞士企业在中国投资落户。两国交往合作中里程碑式的事件难以胜数。在此，我仅列举以下一些重大事件作为例证：

1954年，中国的周恩来总理参加在日内瓦举行的印度支那问题国际会议，标志着中华人民共和国首次登上国际舞台；

1976年，当时的瑞士航空成为全球第二家开通了前往北京和上海航线的航空公司。时至今日，每天都有飞往北京、上海和香港的航班，保障着两国之间的人员和货物往来；

1982年，也就是邓小平实施改革开放政策四年之后，瑞士苏黎世市与中国云南省昆明市缔结友好城市关系。2007年，巴塞尔与上海结为两国大都市之间的又一对友好城市；

瑞士在香港、上海和广州都设有总领事馆。此外，瑞士还于 2008 年在上海开设了瑞士科技文化中心（Swissnex），它作为一个平台，积极支持瑞士教育、科研和创新机构的国际化进程；

在此还应提及的是，中国改革开放后首家中外合资企业，正是一家中瑞合资企业，它是在一位后来成为瑞士联邦驻华大使的人士的推动下创建的。2014 年 7 月 1 日生效的中瑞自由贸易协定，是中国与首个欧洲大陆国家、也是中国与首个全球前 20 大经济体签订的自由贸易协定；

30 年来，瑞中协会一直推动瑞士和中国的中学生之间进行的交流活动，并支持瑞士中学生到中国留学一年。这是由瑞士因特拉肯中学前校长发起的一项开创性活动；

还值得一提的是，多年来，瑞中协会每年都定期多次邀请并组织在瑞士的中国留学生参观访问瑞士的企业和其他机构。瑞中协会高度重视与中国留学生和年轻的科研人员之间的这种交往关系，因为这些年轻人未来将成为让交流合作薪火相传的中坚力量，也将成为瑞中两国之间的一道桥梁；

2013 年和 2014 年，中国的李克强总理两次访问瑞士。近年来，瑞士的多位联邦委员也先后率经济代表团访问中国。这些访问活动也都成为两国交往史上的里程碑。

以上为数不多的几个实例，已足以令人赞叹不已。从这些实例可以看出，两国友谊和合作之树根深叶茂，硕果累累。我深信，我们在今后的数年乃至数十年中，还将收获更加丰硕的果实，让本国和对方国家的人民都获益无穷，共享友谊和合作的成果。

本书由多位作者合力而成，内容充实广泛，多方面印证了瑞中两国多年来极其优异的、友好而稳固的交往合作关系。在此，我特别感谢许颖之女士和王庆忠先生。他们在瑞士工作期间，以及回国退休以后，一直孜孜不倦地为加深两国之间的友谊和合作而辛勤工作，并使本书得以出版发行。

托马斯·瓦格纳博士
瑞中协会主席，荣获中国人民对外友好协会
"人民友好使者"称号
2015 年 7 月于瑞士苏黎世
（王维 译）

目 录

我们和你们

中国和瑞士的故事

交流篇

中瑞建交始末及两国关系中的多个"第一"

蔡方柏

（中国前驻瑞士大使）

2015 年是中华人民共和国同瑞士联邦建立正式外交关系 65 周年。中瑞建交 65 年来，两国关系取得长足发展，特别是进入 21 世纪后，两国的友好合作关系在相互尊重、平等互利基础上取得了突破性进展，高层互访频繁，经贸关系突飞猛进，人文交流密切，在国际事务中保持着良好的沟通与协作，创造了多个"第一"。在庆祝中瑞建交 65 周年之际，作为前驻瑞士联邦大使，笔者愿对中瑞建交始末及双边关系发展中所创造的多个"第一"作一简要回眸，以突显中瑞关系在构建以合作共赢为核心的新型国际关系中所起的引领作用。

姚依林副总理（前排中）出访途经瑞士，看望中国驻瑞士使馆工作人员。（前排右 3 为蔡方柏大使）

承认新中国并与其建立正式外交关系

中华人民共和国成立初期，欧洲多数国家迫于美国的压力，都对其避而远之。当时美国千方百计打压和孤立新中国，并试图削弱其国际影响力。外交方面，美国要求盟国在是否承认新中国问题上必须与其保持完全一致。美国还专门照会欧洲的中立国和拉美国家，不得先于华盛顿承认新中国，并竭力阻挠中华人民共和国重返联合国。

早在 1949 年 6 月，美国就曾致电瑞士政府，发出"贵国过早承认亚洲一个共产党政权将不适宜"的警告。但瑞士领导人具有战略眼光和维护自身利益的决心，通过分析，他们清楚地认识到，"共产党在中国的统治将持续较长时间，因此早承认比晚承认好"，以此维护其在华利益并借此发挥中立国可以介入国际热点问题的独特作用。如后来《朝鲜停战协定》签署时，瑞士成为中立国监察委员会成员之一。有鉴于此，1950年1月17日，瑞士联邦政府主席兼外长马克斯·彼蒂彼爱致电毛泽东主席称："瑞士联邦主席荣幸地通知毛泽东主席先生阁下……现决定在法律上承认中华人民共和国中央人民政府，并准备与贵政府建立外交关系，我们将借此来实现中瑞之间久已存在的良好关系的愿望。"2月6日，彼蒂彼爱又电告周恩来总理："瑞方已任命其驻香港领事泽文·施褆纳为驻华临时

代办，来北京与贵外交部取得联系，我希望知道您是否准备接受他的这个名义。"

中方十分重视瑞士方面的表态和要求，认为瑞方的对华政策有利于我发展与西方国家的友好合作关系。周恩来总理研究了瑞方电文并指示外交部于 2 月 10 日作出如下答复："我现在受中华人民共和国中央人民政府主席的委托通知阁下，在贵国政府与中国国民党反动派残余断绝关系之后，中华人民共和国中央人民政府愿意在平等、互利及互相尊重领土主权的基础上建立中华人民共和国与瑞士联邦之间的外交关系，并望贵国政府派遣代表前来北京就此项问题进行谈判。"在周总理的指示下，外交部副部长李克农复电彼蒂彼爱，表示接受指定为临时代办的泽文·施褪纳为瑞士联邦政府派来北京就两国建立外交关系问题进行谈判的代表。

建交谈判进展顺利，四次会谈达成双方满意的协议

不同于跟西方大国的建交谈判，中瑞建交前需要解决的"重大问题"不多，存在的障碍也较少，所以只通过四次谈判，就达成了双方满意的协议。

第一次会谈是 1950 年 5 月 26 日，外交部副部长章汉夫和欧非司司长宦乡、副司长温朋久会见了瑞士谈判代表泽文·施褪纳，双方就两国建交相关问题交换了意见。关于瑞士同国民党政府断交的问题，施褪纳表示，南京解放前，瑞士在中国曾有一公使馆，由代办主持工作，南京解放后，瑞士公使馆未跟随国民党政府迁移。瑞士在广州还曾有一名誉领事（商人），也于 1949 年 5 月离去。瑞士承认中华人民共

和国时，即宣告正式断绝与国民党方面的关系。1950年1月，瑞士联邦政府一方面通知中华人民共和国中央人民政府愿意与其建立外交关系，同时也通知国民党驻伯尔尼公使与之断绝关系。至于国民党驻瑞士使馆问题，瑞士政府已将前国民党驻瑞士使馆及其中财产档案封存，并准备移交给中华人民共和国的代表。

第二次会谈是同年6月9日，施褆纳应邀来中国外交部进行商谈。施褆纳首先递交了一份"移交记录"，详细列举了国民党在驻瑞士使馆的财产，包括使馆的建筑、家具、一些档案资料和日用品。施表示："中国在瑞士的唯一国家资财为前国民党政府驻伯尔尼公使馆中的家具、档案等项，中国国家财产现由瑞士联邦政府政治部（即外交部）负责保管，准备将来移交中华人民共和国中央人民政府所委派的代表。"（注：至于公使馆馆舍，因为是前日本使馆，由盟国租予中国使用，所以不是中国国家财产）6月30日，我外交部在致瑞方的答复信中表示，对瑞方断绝与国民党政府一切关系和确认中华人民共和国政府在瑞士合法资财所有权表示满意。

6月30日，施褆纳应约来我国外交部进行第三次会谈，所谈内容为交换使节问题。施褆纳表示，瑞士政府派驻各国使节只派公使，不知中华人民共和国中央人民政府希望瑞士派大使或公使。章汉夫副部长表示，这要请示中央人民政府后再作答复。

8月8日，施褆纳来中国外交部进行第四次会谈。施褆纳表示，现在他接到政府的指示，决定派遣全权公使为瑞士联邦政府驻中华人民共和国的代表。施还说，瑞士联邦政府希望中华人民共和国中央人民政府在瑞士尚未派定公使之前，就承认他本人为驻华代办或临时代办。章汉夫副部长表示，这件事请瑞士联邦政府自行决定。8月16日，宦乡司长、温朋久副司长会见施褆纳。宦乡表示，在瑞士派驻华公使前，如中国先派公使去瑞士，不知瑞士政府意见怎样？施答称，瑞士政府积极欢迎中国先派公使去瑞，因为瑞士驻华公使要在9、10月份才能任命。

1950年9月14日，中瑞两国正式建立外交关系。瑞士成为最早承认并与中华人民共和国正式建立外交关系的欧洲国家之一。

中国政府任命的驻瑞士首任特命全权公使冯铉于12月3日由布拉格抵达瑞士任职。当他到达苏黎世机场时，瑞士政治部（即外交部，下同）的服务社主任迎接并陪同至首都伯尔尼，在伯尔尼由政治部交际处长到火车站迎接。

12月8日，瑞士联邦主席彼蒂彼爱在伯尔尼接受中华人民共和国驻瑞士联邦首任特命全权公使冯铉递交的国书。

12月27日，任佐立以瑞士联邦首任驻华特命全权公使身份拜会了周恩来总理，并于次日向中华人民共和国中央人民政府副主席朱德递交了国书。至此，两国顺利建立了外交关系并互派特命全权公使，中瑞关系翻开了新的一页。

在冯铉公使的积极努力下，一批著名科学家和留学生取道瑞士回国参加社会主义建设。他还安排并参与了周恩来总理率团出席关于解决印度支那问题的日内瓦会议并访问瑞士，为中华人民共和国首次亮相国际政治舞台发挥了重要作用。中国驻瑞士使馆成为我国与欧洲及其他地区未建交国家交往的一个重要窗口。中国与法国的建交公报就是由戴高乐总统特使德·博马歇同我驻瑞士大使李清泉在我驻瑞士使馆谈成的。

中瑞关系在中国与西方国家交往史上创造多个"第一"

中瑞关系的最大特点是敢为人先。1980年，中国刚推行对外开放政策时，瑞士迅达集团就第一个走进中国市场，在北京成立中国第一家合资企业。2007年，当不少国家特别是西方国家推行贸易保护主义时，瑞士成为欧洲国家中率先承认中国完全市场经济地位的国家之一。2010年1月，时任副总理的李克强参加世界经济论坛并访问瑞士，与瑞士领导人就两国开启自贸协定谈判达成共识。同年4月，双方举行首次谈判。此后三年共进行了九轮谈判，取得了积极进展。2013年5月，李克强出任总理后首访国家选择了瑞士。在这次访问中，双方签署了结束中瑞自贸区协定谈判谅解备忘录，两个月后就签署了自贸协定。2014年7月1日，瑞士在巴塞尔的莱茵河港口

2013年7月6日，中国商务部长高虎城和瑞士联邦委员兼经济部长约翰·施奈德—阿曼在北京签署中瑞自贸协定。

举行盛大的庆祝仪式，瑞士联邦委员兼经济部长约翰·施奈德—阿曼出席并隆重宣布中瑞自贸协定生效。瑞士由此成为欧洲大陆第一个与中国签署自贸协定的国家，这有力地推进了双边关系特别是经贸关系的快速发展。

《中国—瑞士自由贸易协定》的签署和正式生效，是中瑞关系史上具有里程碑意义的重大事件，其意义远超出双边关系的范围。这项战略性的举措不仅使两国经贸合作取得突破性的进展，2013 年两国贸易额猛增至 595.3 亿美元，同比增长 126%；而且这是中国同欧洲大陆国家间的第一个自贸区，也是中国同世界经济 20 强国家间的第一个自贸区，对其他国家会产生重要的示范和引领作用。

2015 年 3 月，当某强国竭力阻挠一些发达国家申请成为

2015 年 1 月 21 日，中国国务院总理李克强与瑞士联邦主席索马鲁加在瑞士达沃斯共同出席双边金融、食品、药品、科研、人员往来等领域合作文件签字仪式。

中国倡议的亚洲基础设施投资银行的创始国时，瑞士再次顶住压力，宣布申请成为亚投行创始会员国。经履行有关手续后，瑞士于3月28日正式成为亚投行的创始成员国。

李克强总理在2013年5月24日的瑞士金融界人士午餐会上指出："中瑞关系之所以历久弥新，成为不同文化国家之间友好交往的典范，主要得益于一种敢为天下先、争当'第一'的品质。我们应当传承和弘扬这种开拓进取的精神，促进中瑞关系始终站在时代的、世界的潮头，不断追求卓越。"

展望未来，笔者深信，只要双方保持着与时俱进、敢于创新、敢于突破的精神，中瑞互利共赢的友好合作关系在未来的岁月里定能创造更多新的"第一"，再造辉煌。

周恩来、陈毅与中瑞关系

王建邦

（中国前驻瑞士大使馆政务参赞，前驻阿尔及利亚大使）

　　1954 年和 1961 年，周恩来总理与陈毅副总理兼外长在两次日内瓦会议期间先后顺访瑞士以及在瑞士的活动，在瑞士留下了深刻的印记。尽管已过了半个多世纪，但他们在瑞士人心目中享有的崇高威望，以及两位伟人为中瑞友谊所作的巨大贡献，至今被人称颂，永垂史册。现就我记忆所及，追记几个有关的故事。

　　1960 年 8 月 1 日，瑞士驻华大使纳维义举行国庆招待会。周总理破格出席，即席讲话，赞扬瑞士的中立政策，并说中瑞关系堪称和平共处的典范。这番讲话受到瑞方的高度重视，引起强烈反响。当天晚上，恰逢中国驻瑞士武官举行建军节招待会。由于时差，瑞方早在七个小时前就得悉了总理讲话内容。因此，出席招待会的瑞士军政官员一进门就向我通报这一喜讯。瑞士人深知总理讲话的分量。早在 1954 年日内瓦会议期间，瑞士人就被周恩来的大国风范和高超的外交艺术所折服，此时总理高度赞扬瑞士中立政策，让瑞士人更加意识到它的深远意义。因为当时国际局势动荡分化，暗流涌动，瑞士的中立政策也受到某种势力的质疑，所以宾主都把这件大事相互传告，从而使中瑞典范关系成了大家交谈的主题。招待会自始至终洋溢着热烈友好的气氛，宾主频频举杯祝贺，让送酒送水的招待员往来穿梭，应接不暇。招待会的这种盛况，敏感的记者第二天就作了详尽的报道。有的评论说，周总理的讲话对两国关系具有里程碑意义。

1961 年，陈毅副总理兼外长和夫人张茜与中国驻瑞士使馆人员合影。（第二排左 8 为王建邦）

周总理的讲话确实具有极大的感召力和辐射作用，两国关系不断升温。次年，也就是 1961 年，陈毅副总理兼外长参加日内瓦会议时顺访瑞士，进一步加大了这个势头。他不仅与瑞士联邦主席瓦仑和外长彼蒂彼爱进行了友好务实的会谈，而且在日内瓦会议间隙到瑞士居民家中做客，与老百姓随意攀谈。当地人得知这位彬彬有礼的客人竟是陈毅元帅时，都争相与他合影留念。尤其令人瞩目的是，陈毅在参观游览时经常挥毫泼墨，即兴赋诗。他在凭吊日内瓦的卢梭岛时，开宗明义地指出卢梭是"瑞士籍法国人"，并且表彰他倡导民主、"不强加于人"的传世学说。陈毅对瑞士人与法国人都引为骄傲的先哲作出客观公允的评价，自然引起人们的关注。这首诗第二天就被翻译见报。而陈毅游览日内瓦湖与图恩湖（Thunersee）时所写的即景诗篇，不仅赞美瑞士秀丽的景色，而且以景寓情，寄托心志，以"无何雾散云开后，山色湖光又一天"的豪迈潇洒诗句，表达从容自若、乐观主义的精神。陈毅留下的这些诗篇，陆续被德文、法文报刊译载，以至这位"元帅诗人"的作品风靡一时，不断有人向使馆索取。

　　陈毅对扩展中瑞友好合作极为重视。日内瓦会议之后，

他专程来伯尔尼会见使馆全体人员。大家在客厅席地而坐，聆听陈毅的讲话。他说，瑞士是个小国，但是个强国，她起到了大国所不能起的作用。他告诫我们要警惕大国沙文主义，真诚尊重瑞士，维护两国友谊，发展各方面的合作。遵照陈毅的指示，在上世纪六七十年代，中瑞间开展了一系列经济与人文交流。中国艺术团在伯尔尼、巴塞尔的演出场场爆满，中国举办的展览会和在洛迦诺电影节上放映的影片，观众如潮。报刊上有关中国的报道也是连篇累牍。瑞士社会上悄然兴起了一股"中国热"。

当我们看到中瑞友好关系日新月异、长足发展时，自然会缅怀两位伟人。正是由于他们的正确决策和人格魅力拉近了两国人民的距离，奠定了两国友谊的基础，以至薪火相传，结出今天的丰硕成果。我们将遵照周总理和陈毅副总理的遗愿，积极推进两国在多方面、多层次、多领域的合作，使中瑞友好关系迈上新的台阶。

友好交往四十年

——我与"瑞中协会"

许颖之

（瑞中协会荣誉会员，中国前驻苏黎世总领馆领事、
前驻瑞士大使馆文化秘书）

"发现"瑞中协会和同第二任协会主席乌布利希的友好交往

1972 年，我和丈夫王庆忠被派往驻瑞士大使馆任职。我在新闻文化处工作，长达十年，经历了许多重要事件，见证了中瑞友好关系特别是民间友好关系的发展。"发现"瑞中协会，令我至今记忆犹新。

记得在 70 年代中，我去苏黎世拜访利特贝尔格博物馆（Rietberg Museum）馆长，谈完事出门时，在博物馆大门的墙上，看到一张过期的举办"筝"音乐会的广告，举办单位是"中瑞协会"。当时我以为可能是某华侨组织所为，因为冠名"中瑞"。出于好奇，我向博物馆工作人员了解到该协会的地址和电话号码，并获悉协会主席是巴塞尔的乌布利希先生（Dr. V. Umbricht）。

不久，我和使馆文化处领导徐希忠先生便电话约定去拜会这位协会主席。根据地址，我们在巴塞尔的汽巴—嘉吉化工公司（Ciba Geigy）的一座办公楼中找到了他的办公室。一进门，他便同我们握手，表示欢迎。落座后，互相交换名片。从他的名片上，我看到他的职务：汽巴—嘉吉公司经理、联合国湄公河委员会主席、瑞中协会主席。他的主要职务是公司经理，所

以把协会地址与他的办公室合在一起。

他向我们简单介绍了中瑞协会的前世今生：上世纪40年代，二战期间，一批在德国的中国留学生和科研人员为避战乱，来到瑞士寻求继续学习和进行研究工作的机会，得到瑞士官方、化工企业和民间人士的支持和赞助。以这些中国人为基础，一些研究中国的汉学家和企业界人士发起组织了民间学术性组织"中瑞协会"。协会选举济公教授（Prof. Dr. A. Gigon）为主席，吸收会员，出版刊物，举办学术活动等。因为当时参加的会员主要是中国人，故称"中瑞协会"。后来由于中国政权的更迭、会员的离散、前任主席济公的辞世等诸多原因，协会长期处于"休眠"状态。直到不久前，他接任协会第二任主席后，才开始逐渐"唤醒"协会。

交谈中，乌布利希主席特别提出三点：（1）政治上，协会遵从瑞士政府只承认一个中国即中华人民共和国的原则立场；（2）协会拟改名为"瑞中协会"并出版新会刊，希望大使馆为协会新会刊用汉字题写"瑞中"二字；（3）希望大使馆为协会开展活动提供支持和帮助，双方多加强联系。我们当即对他关于"一个中国"政策的表述表示赞赏，对其两项要求表示一定给予满足。

当时，我感到十分高兴，不仅"发现"了一个对华友好的协会，而且结交了一位朋友。

就这样，瑞中协会和中国大使馆正式建立了联系。双方每年都举办多次友好活动，邀请对方参加，关系日益密切。我和协会的友谊也不断加强。

1982年，我们离任回国时，乌布利希主席和协会全体领导成员在伯尔尼为我们举行了隆重的告别宴会。宴会上，大家纷纷表达惜别之情，都以为中瑞相隔千山万水，今后难得再见一面。

令人意想不到的是，这次聚会并不是最后的告别，而是友谊延续的开始。从那以后，我和协会的关系并没有中断。

时至今日，我高兴地看到，瑞中协会不断发展壮大，除总部外，在伯尔尼和洛桑各设有分会，会员从个人到企业团体数以百计，遍布瑞士全国各地。协会每年都举办多次对华友好活动，如报告会、展览、音乐会、参观访问、组织访华和青年交流等。它在政治、经济、文化界具有一定影响，受到瑞士各界人士的赞赏，为瑞士和中国人民的相互了解和友谊作出了巨大贡献，成为两国人民友好合作关系的一个重要组成部分。

从"发现"瑞中协会开始，我就和协会结下了不解之缘。在长达40多年的时间里，我与其历任主席都有着密切交往，友谊深厚。朋友是"财富"，我为拥有如此珍贵的财富而深感自豪和欣慰。

汉斯·乌里·阿曼——瑞中协会第三任主席

阿曼先生（Hans Uli Ammann）是一位企业高层管理人员，他曾在瑞士汽巴—嘉吉化工公司驻香港的分支机构任总经理多年，对中国比较熟悉。在他担任主席期间，我和庆忠于1988年重返瑞士，筹建中国驻苏黎世总领事馆，并在此工作至1991年，然后转至伯尔尼大使馆工作。其间，尤其是在苏黎世任领事期间，我与阿曼主席保持经常联系，合作密切，非常愉快。有两件事，至今印象深刻。

一是他接待山东省对外友好协会副会长隋文晓率领的代表团访瑞，全力以赴，我和代表团深受感动。他虽是一位古稀之年的老人，却不辞劳苦，跑前跑后，亲自安排和陪同代表团各项活动。他不仅在酒店举行正式欢迎宴会，而且和夫人在家中招待代表团。最值得一提的是，他亲自驾车陪同代表团到伯尔尼拜访中国大使馆。他悄悄对我说，为来大使馆，他特意换上一条浅灰色的新裤子，配上深蓝色上装，以示庄重。这一细节彰显出他对那次拜访中国大使馆的重视和礼貌。在使馆午餐后，他又继续驾车带领代表团到瑞士西部和南部参观游览，让中国朋友尽可能多地了解瑞士各地的风土人情和自然环境。这位既当陪同、又当司机的阿曼主席给代表团留下了极为深刻的印象。

二是 1992 年夏，我们应阿曼夫妇邀请到他们在达沃斯的别墅度周末。达沃斯是瑞士东部著名的滑雪胜地，又因达沃斯世界经济论坛每年在此召开年会，世界各国政要、工商翘楚云集于此，为世界经济把脉，使得这个小镇名扬四海。我以前虽参与接待国家领导人到过达沃斯，但因工作繁忙，并没有仔细体验过它的魅力所在。这次阿曼主席亲自驾车带我们去"玩"，身心完全放松，一路尽情欣赏美丽的湖光山色。路过库尔（Chur）之后向东，高速公路变成了山间小路。这里河谷深邃，山路崎岖，对驾车人来说，都是不小的挑战。我们尽量保持车内安静，不再说话，以免分散阿曼的注意力。一个小时后，我们抵达他们的别墅。那是一座三层小楼，阿曼住在二层两室两厅的套间。朝南的一间是阿曼夫妇的卧室，朝北一间稍小些，摆放着可供 4 人住宿的双层床。两室之间是个约 40 平方米的餐厅加客厅，还有一个供取暖的大壁炉。沙发和餐桌都是木制材料。整套房子给人的印象是简约、温馨又实用，这也体现出现代瑞士人的性格。阿曼夫妇为我们准备了丰盛可口的晚餐，由于长途旅行，我们食欲大增，尽情地享用。次日早

1992年5月，阿曼（左2）出席欢迎山东省对外友协代表团酒会。右3为王庆忠领事。

餐后，阿曼开车带我们游览附近的山村。达沃斯是个村子，但不乏高楼大厦、五星级酒店，也不缺时装、高级化妆品商店。山村附近到处都是饭店、咖啡馆和影院、舞厅等娱乐场所。阿曼并不带我们去这些地方，而是领我们去看本地居民生活的小居住点，以便了解他们的真实生活。那天虽值盛夏季节，但山区天气突然变冷，下起大雪。阿曼赶紧找了一家村民小饭馆，给每人要了一碗热蘑菇土豆汤暖身。他告诉我们，村子里有许多人家开设家庭客房，夏季供客人来此避暑，享受清新的空气、明媚的阳光和慢节奏的生活。而到了冬天，则是滑雪的旺季，世界各地滑雪爱好者从四面八方来到这里，到处人山人海。每年1月的达沃斯论坛期间，更是热闹非凡。一个过去的穷山村变成了今天的旅游和度假胜地。

晚上，我们在阿曼家中用过晚饭，便喝茶聊天，无话不谈。欢声笑语充满整个空间，难以分清友情和亲情，非常温馨，真正像是在自己家中一样。

感谢阿曼夫妇的盛情邀请，给我们提供了一次了解瑞士民情的好机会，也给我们留下终生难忘的美好记忆。

阿曼主席一生与中国结缘。上个世纪末，他结束多年在香港的工作返回瑞士后，即担任瑞中协会领导成员，1986 年任协会主席。1991 年卸任领导职务后，他担任协会会刊《瑞中》主编，直至 2000 年。有人形容称，中国对阿曼有极强的吸引力。阿曼自己则说："无论是谁，一旦与中国日久生情，则终生难舍。"

2014 年夏天，我们去瑞士探亲，本想安排一天去看望阿曼这位多年的老朋友，不幸的是突然接到他与世长辞的消息。我们无比悲痛，回忆起和他多年的友谊，久久不能安静下来。

安息吧，老朋友！我们永远怀念你！

一次访华，终生结缘——瑞中协会第四任主席爱尔文·莫泽尔的中国情结

我认识莫泽尔（Erwin Moser）始于上世纪 70 年代初。我到驻瑞士大使馆工作不久，有一天，接待了一位来访的客人——一位中年男子，一头卷发。他自我介绍说叫爱尔文·莫泽尔，是一位建筑师，一年前曾参加一个卢森堡访华团到过中国，留下深刻印象，很想再次访华，特来咨询有无可能性。交谈中我能感到，他的愿望是真诚的。当年中国旅游业刚刚起步，没有开展自由行。正巧，那时瑞中协会正在组织会员团访华。我推荐他去试试与该会主席乌布利希联系，兴许有可能。于是，他迅速联系，访华得以成行。从此，他加入了瑞中协会。不久，他被选为协会领导成员，继而"升任"副主席，1991 年被选为主席。

从第一次访华开始，他就和中国结了不解之缘。他一生中何止百次踏上中国土地。从东到西、从南到北，中国广阔的大地上，到处都留下了他的足迹。他举办报告会、聚餐会，用发表文章等形式向广大瑞士人民介绍中国的古老文化、生活习俗、风景名胜以及经济不断发展的情况，成了一位深受尊敬的"中国通"。

我和莫泽尔先生从首次相识起，或在瑞士，或在中国，在长达30多年的时间里，始终保持着密切的交往、真诚的友谊，也成了多年的老朋友。

将专业知识献给中国

上世纪90年代初，莫泽尔在中国看到各地房地产开发热火朝天，但对建筑工程质量，尤其对环境保护、节能减排措施严重忽视。他曾多次走访建设部，也多次向他到访的地方政府呼吁，要建立有关法律法规，改变理念。我记得有一次他与山东省领导会见时指出，他观察到附近一座在建的高级宾馆项目似乎没有采取必要的保温节能措施，并称这类建筑为"裸体楼"。这一比喻引起主人的疑惑。他进而解释说，建筑物和人一样，不能只有美丽的"外衣"，必须冬要保暖、夏要隔热纳凉。否则，长期生活在这座楼房里的人们只好冬天加大供暖，夏天大量使用空调。问题来了，高能耗带来高碳排放，增加了污染，危害人们健康，还增加了运行费用。说罢，二人哈哈大笑。主人十分赞赏莫泽尔的理念，但认为，真正做起来需要立法和转变观念。

1995年，莫泽尔在中国设立了一家中瑞合资的建筑设计事务所，试图设计出实用而又环保的样板作品，加以推广。实践证明，按他的理念，往往因加大环保措施而使工程造价高于竞标对手,从而失去商机。对此,他无怨无悔,有人说他是个"顽固不化"的老头子。

一块糖纸

莫泽尔的环保意识贯彻到他生活的方方面面。记得有一次,我陪他拜访河北省的一个县政府领导,会客厅摆满了糖果等茶点。告别时,主人拿起一块糖塞到莫泽尔手中,他顺便剥开糖纸,将糖放入口中。主人陪我们参观县城市容。说实话,街边到处可见随地乱放的垃圾。正走着,只见莫泽尔走向一个少见的垃圾桶,顺手将攥暖了的糖纸丢了进去。他的这一举动引起中方人员的注意,说人家莫泽尔先生就是不一样,一块糖纸也不随便扔掉。我翻译给他听,他笑答:这是瑞士人长期养成的习惯,随地乱丢垃圾是不文明的行为,如不注意还会受到儿孙们的谴责。

生态、环保是他在华活动的主线

上世纪 90 年代中期,山东省政府聘请莫泽尔为经济顾问,邀请他出席一个区域规划评审会。会上,他对山东省社会经济发展特别是公路交通建设给予积极评价,但对农村建设提出了批评,认为把农民迁到兵营般的简易楼房,没有了菜地,没有了老槐树下的庭院,恐怕农民生活不但不会改善,反而带来诸多不便。与此同时,在农民原来的宅基地上统一盖起单体西式别墅商品房,这就牺牲了农民的利益。他认为,这不是农村城市化的方向。

莫泽尔不仅本人,而且还组织瑞士环保专家、学者来华举办报告会、研讨会等活动。在北京、山东,甚至远到乌鲁木齐,他多次与地方政府环保部门共同探讨污水处理、锅炉改造等项目。

在瑞士，他曾接待我中央、省市环保部门的一个又一个代表团，考察访问瑞士的环保项目。作为主席，他没有秘书，没有办公室，协会的工作花费了他大量的时间和心血，有时还要投入资金支持，但他一直把协会的工作当成自己毕生的事业。

把朋友当亲人请进家中

莫泽尔夫妇有两处住宅，一处在阿劳市，另一处在阿彭采尔州的山区，是他们度假的别墅。两处住宅都不大，但他们先后曾为两名中国留学生提供免费吃住，外加助学金。他们曾邀请访问瑞士的中国朋友到他家小住，其中包括北京市对外友协副会长万云女士。

我和庆忠也多次被邀到他们家中度周末。莫泽尔亲自下厨，烹制拿手好菜：蒸鱼、煎牛排、烤奶酪、烤香肠。餐后咖啡也由他负责。他夫人是素食主义者，她烤制的甜食使我们忘记了减肥限令，酒足饭饱。大家在欢声笑语中交谈，特别轻松愉快，像在自己家中团聚一样。

最后一次餐聚

2008年夏，我和庆忠去瑞士探亲，想去看望莫泽尔夫妇。经电话联系得知，他们双双住进医院，正接受治疗，他夫人罗丝玛丽（Rosmarie）情况较好，允许探视。于是，我们约了双方的朋友麦因贝格（Prof. Dr. Meienberger）教授同去医院探望她。见到她时，正是午餐时间，看上去，她精神很好，饮食逐渐恢复正常。大夫说，几天后即可出院。但住在同一医院的莫泽尔，却因刚做了手术，不便会见。他让罗丝玛丽转告我们，出院后一定约我们到家中见面。几天后，我们收到邀请，便迫

1992 年 5 月 15 日，瑞中协会主席莫泽尔（右 1）举行酒会，欢迎中国山东省对外友协副会长隋文晓（左 1）访问瑞士。（右 2 为许颖之）

不及待地赶往他们的山区别墅。罗丝玛丽虽然打扮入时，显得一脸阳光，兴高采烈，但身体还很虚弱。她开车到火车站接我们，此情令我们十分感动。

莫泽尔在别墅的门口迎接，彼此见面互相拥抱，行贴面礼，大家都非常高兴和激动。像往常一样，莫泽尔热情地像对待亲人般招待我们。他略显胖些，行动有点迟缓，但还是坚持下厨房烧饭，为我们烹制了肉饼煎土豆。进餐时，他按着中国的习惯，不停地给我们往盘中夹菜。他说：多吃一点！你们远道而来，一定饿了。用餐中，他感到有些疲倦，抱歉地说，要到沙发上休息一会儿。片刻，他又慢慢地回到餐桌，坚持到用餐结束。还像以前一样，他又吃力地为我们烧好一杯杯香甜可口的咖啡。至此，午餐才算圆满。此情此景，我们看在眼里，记在心中，感动得难以用语言表述。几十年的友情，一下涌上心来，久久不能平静。

告别时，我们不敢直视对方的眼睛，侧着身子拥抱，行贴面礼，没有说更多的话，把千言万语压在了心中。只说了一句：保重！希望不久再见！

没想到，这是我们和有近40年友谊的老朋友最后的聚餐。

访莫泽尔墓地

2014年夏，当我们再次赴瑞士探亲时，莫泽尔先生已辞世三年了。我们决定去看望他的遗孀罗丝玛丽。她还是住在山区的那座老房子里，孤单一人。我们到达火车站，下车后看到一位憔悴的老人，弯着腰、牵着狗站在月台上等我们。我们彼此问候、拥抱，亲切中带着悲伤。她先问我们，是否去"看看"爱尔文？我们立即作出肯定的回答。我提出先到花店买束鲜花，献给爱尔文。她说，只要一枝玫瑰就可以了。我还以为她怕我们花钱多，所以只买一枝。一枝玫瑰太单薄了，不足以表达对老朋友的敬意和怀念之情。但她执意要我们这么做。

墓地就在村子小教堂的后院。首先映入眼帘的是一小片由鲜花簇拥着墓碑的墓地，这是瑞士城乡最常见的典型场景。但爱尔文·莫泽尔却不在其中。距此不远，是一大片修剪整齐、生机盎然的草地。另有一片与石子铺成的小路相隔的绿地，有一条孔状花纹的金属带支撑在草地上方。罗丝玛丽在墓地入口处的水龙头下接了一杯水，让我把那枝玫瑰插入水杯，安放在金属架上的一个小孔中。这时，我才注意到，在小孔的下边挂着一个手掌大的金属片，上面刻着德文："爱尔文·莫泽尔1928—2011。"没有墓碑，没有坟茔，这就是他永恒安息之地。

罗丝玛丽告诉我们，这是一片公共墓地，下面埋葬着当地逝者的遗骨。我们按中国的习俗，向逝者三鞠躬。顷刻间，我已泪流满面。莫泽尔一生设计出无数的住宅、学校、军营、养老院、大型超市等建筑，而在他辞世之后，却如此简单安葬，简单得出乎我们的想象。再仔细一想，这不正代表他一生追求的保护自然、爱护环境的目标吗！他生前是我们也是中国人民的朋友，身后也为我们树立了榜样。

安息吧！我们可亲、可敬的老朋友！我们永远怀念你！你永远活在我们的心中！

我与瑞中协会第五任主席托马斯·瓦格纳博士的友谊

初识瓦格纳

1982 年春，媒体报道，苏黎世选出一位三十几岁、拥有双博士学位的年轻市长——托马斯·瓦格纳（Dr. Thomas Wagner）。人们纷纷议论，这位年轻人真不简单，因为苏黎世是瑞士第一大城市，也是世界金融和工商重镇，市民选他为市长，可见他的才华与能力。

这年 5 月，瓦格纳刚上任不久，就迎来友好城市中国昆明市市长朱奎率团来访。我被李云川大使派去参加代表团的参访活动并担任翻译，初次认识了这位年轻的市长。瓦格纳市长为代表团在该市的国宾馆（Muraltengut）举行盛大的欢迎宴会，他用德文字母拼成中文发音的文稿，作为开场白，一字一字念出："尊敬的朱市长，尊敬的女士们，先生们……"刚一停顿，便引起在座客人的热烈掌声，令代表团成员大为感动。友好气氛笼罩了整个大厅。

在接下来代表团访问的几天里，瓦格纳市长安排的接待规格很高，内容丰富。他亲自主持在市政府举行的新闻发布会，和朱奎市长共植友谊树，陪同代表团徒步游览市容，乘坐公交电车，参观市供水局等市政设施。他还陪同代表团礼节性拜会了苏黎世市议会，派陪同人员赴伯尔尼会见瑞士联邦政府领导人，这是很高的礼宾规格。还有一项特别的日程，就是让代表团乘瑞士军方的直升机飞上蓝天，从空中鸟瞰青山绿水簇拥着的美丽的苏黎世城。

瓦格纳市长与朱奎市长进行了富有成效的会谈，奠定了两市今后合作的基础。昆明—苏黎世友城关系延续至今，获得令世人瞩目的成就，被称为友城关系的"典范"，"独一无二"。

通过这次陪代表团活动，我结识了瓦格纳市长。我们的友谊和交往延续至今几十年，成为难得的相互信赖的好朋友。

邀请巴金先生实现圆梦之旅

1981年9月30日至10月7日，中国文联主席、著名作家巴金先生应瓦格纳市长的邀请访问了瑞士。这事有些突然，因为是临时安排。

联系经过是这样的：一天，苏黎世市长文化秘书柏劳赫（Baerlocher）致函中国大使馆称，中国著名作家巴金先生正在巴黎出席国际笔会大会，瓦格纳市长拟邀请他来苏黎世访问几天，请大使馆协助联系。使馆紧急请示国内有关部门，并紧锣密鼓地同国内、巴黎、苏黎世政府沟通和磋商。经多方协调，巴老在他女儿的陪同下顺利成行。

李云川大使派我陪同照顾巴老并担任翻译。我有了第二次与瓦格纳市长会面与交往的机会。瓦格纳市长亲切会见了巴老，诚恳表示对巴老的敬意，希望巴老在瑞士访问成功，过得愉快。巴老的访问日程包括：在市政府的公开报告会，与瑞士汉学家、苏黎世大学中文系教授、学者以及文化界知名人士的会见和交流，电台采访，游览瑞士中部著名的旅游胜地皮拉图斯山，等等。

访问非常成功，也非常顺利，巴老十分满意。他说，没有想到能在耄耋之年有机会访问他青年时代就向往的美丽国家——瑞士，这是他有生之年的圆梦之旅。

巴老的访问也彰显出瓦格纳市长对中瑞文化交流、人员往来的重视和支持。我也有机会再次认识了瓦格纳。

市长的家宴

1982 年底，我和庆忠在瑞士任职十年之后，奉调回国。离任前，10 月 29 日，瓦格纳向我们发出书面邀请，他要设家宴为我们饯行。信中还附着一张苏黎世地图和他家的地址。

我们如约前往。他的住处是离苏黎世市中心不远的胡腾街（Huttenstrasse）66 号，是座三层的普通居民楼。他家在一层，三室两厅，面积不大，家具简朴。客厅中，书架占了整整一面墙。厅中间安放着一架钢琴，客厅与餐厅相通，一张大尺寸的木质餐桌几乎占满了餐厅的整个空间。两厅之间半隔断墙的上方挂着他们可爱的孩子的画像。这便是市长舒适、温馨的家。

晚餐除市长夫妇外，陪我们就餐的是市政府办公厅负责文化事务的官员柏劳赫先生（N. Baerlocher）。这次晚餐，最令我难忘的不仅是丰盛可口的菜肴，还有一个细节，就是瓦格纳市长既当主人，又当"招待员"。他一手抱着不满一岁的小女儿伊萨贝拉（Isabelle），另一只手不断地为我们端盘倒酒，走来走去，忙得不亦乐乎。这个场景令人感动，它永远定格在我的脑海中，终生难忘。

这次家宴，没有外交辞令和客套寒暄，而是推心置腹的交谈。气氛自始至终轻松、愉快。晚宴结束，宾主共同说的一句话是：祝友谊长存，希望以后再见！

当时，双方使用的这句告别词，只是表达一种愿望，谁都不会想象一定能实现。

重返瑞士

1988 年，我国在苏黎世开设总领事馆，我和庆忠作为领事被派前往开展工作。当时瓦格纳已再次被选为市长。他给予我们大力支持和帮助，使总领馆得以顺利筹建和开馆。

我作为领事，负责文化教育方面的工作，同市政府有关部门很快建立了联系，合作非常愉快，很快结交了许多文化教育界朋友，和其他各界人士的关系也非常友好。这一切，都离不开瓦格纳市长的支持和协助。还有，每逢苏黎世的重大活动、节日、外交聚会以及和中国有关的来往活动，我都能见到瓦格纳市长。我们成为非常熟悉的老朋友。

那时，苏黎世和昆明友城关系已有多年密切来往，合作富有成效。苏黎世市和瑞士联邦对昆明市的城市规划、水厂扩建以及其他环保项目给予大量资金和技术支持。作为回礼，昆明市提出在苏黎世建造一座"中国园"。由于城市用地限制，场地很难落实。经各方长时间沟通协调，其中离不开瓦格纳市长的努力，1994 年，"中国园"终于建成，对公众开放。它像一颗璀璨的明珠，坐落在市区美丽的苏黎世湖畔，红墙黄瓦，中式大门，十分引人注目，是市民休闲的好去处，也成为中瑞友好关系的一张亮丽的名片。

出席画展开幕式

1989 年 3 月，我国著名画家朱军山先生在苏黎世举办个人画展，我作为该画展的赞助人——总领馆的代表出席开幕式并致词。瓦格纳市长也应邀作为嘉宾出席并发表了热情洋溢的

讲话，为画展增色不少。

1991 年 1 月，北京市政府组织五位小朋友画家到苏黎世举行儿童画展。我应邀出席开幕式并致词。瓦格纳市长夫妇带着四个孩子，举家来参观画展。孩子们很喜欢中国小朋友的作品，观看他们当场作画，一张张可爱的小猫、小狗、小猴子，都吸引着他们的眼球。一位小画家把一张自己画的小猴子送给了瓦格纳的长子 Florian，令他非常欢喜和激动，因为猴子是他的最爱。通过这次活动，我再次感受到瓦格纳全家对中国文化的友好情结。

一件旗袍

1989 年 5 月，瓦格纳和夫人丹妮丝（Denise）决定，带四个孩子和岳父母应邀访问昆明，全家都十分高兴。丹妮丝着手准备这次盼望已久的中国之行，考虑到昆明后的着装问题。

有一天，她对我说，她喜欢中国旗袍，因为曾在市政府见到一位身材修长的女职员穿着一件宝蓝色的织锦缎旗袍，非常漂亮，令人羡慕。她问何处可以买到，我告诉她：那位女士是市政府的工作人员，是我的朋友，那件旗袍是我所做，送给她的，我可以再做一件送你。

此事得到总领事夫人的支持，于是我们共同努力，做了一件粉色的织锦缎旗袍送给丹妮丝。丹妮丝非常感谢。其实，我并不精女工，只是小时候在农村从母亲那里学了一点基本的针线活，有时也为自己和家人做点衣服。

丹妮丝在家试穿了这件旗袍，正合适，赢得在旁的小女儿瓦莱莉（Valerie）拍手称赞，她笑着大声叫道：妈妈真漂亮！

不久，我们收到他们发自昆明的一张明信片，四个孩子都签名写道："这里空气新鲜，阳光明媚，我们正欢度美好的假期！都问候你！"在明信片的边上，瓦格纳还补写了一句："所有人都对你制作的旗袍大加赞赏！"

饺子宴，我的家宴

2014 年夏，我们去瑞士探亲休假。8 月下旬即将回国前，我和女儿商量，请瓦格纳夫妇来家做客。女儿也正有此意。

多年来，女儿与瓦格纳接触很多。她还在读大学时，就经常陪同瓦格纳接待中国代表团和友人，担任翻译。几十年来，他们成了好朋友。在瑞中协会里，瓦格纳是主席，女儿成了他的助手——副主席，合作非常愉快。女婿马丁也加入了瓦格纳的朋友圈。马丁是电脑专家，瓦格纳的电脑出了毛病，马丁便会随叫随到，也成了瓦格纳的好帮手。套用中国北方民间的一句话：两家都不是外人。

办家宴，做什么菜招待？我一时拿不定主意。女儿说，瓦格纳访华无数次，到处都受到高规格的接待，大小宴会、南北佳肴，什么菜没吃过？！因此，不如亲自包水饺，这可是中国北方逢年过节餐桌上的主角。于是，我们制定了一个菜谱：头道菜是素什锦，食材是香菇、木耳和腐竹。主食为猪肉白菜馅的水饺。饭后甜食是女儿做的水果排甜饼。马丁拿出上好的西班牙干红和几瓶矿泉水。

一切安排就绪，瓦格纳夫妇自己驾车如约而至。丹妮丝着装淡雅，手捧鲜花，瓦格纳也着便装，没打领带。他们双双喜盈盈地进入大门，受到我们全家的热烈欢迎，问候、拥抱、行贴面礼，没有任何外交礼节。

席间，客人们对每道菜都大加赞扬，特别对"手工"制作的水饺好评有加。大家无拘无束地交谈，气氛十分轻松、亲切、

1996年，许颖之（右2）携女儿王维（左1）、女婿马丁·格吕贝尔（左2）做客瓦格纳市长家。右3为市长夫人丹妮丝，左3为市长女儿珊塔尔。

愉快。"酒逢知己千杯少"，马丁的葡萄酒助兴不少。

当谈及几十年的友谊时，我们高兴地看到这种家庭之间的友谊传到了下一代人。瓦格纳的小女儿瓦莱莉在瑞士外交部工作，她经常参与安排接待中国代表团的访瑞工作，常常与我女儿有合作的机会。她们也建立起互相信任、互相协助的友好关系。

在中瑞两国之间，有友好城市、友好学校、友好山峰，是否可以让我们的"友好家庭"关系也加入这一行列呢？

我与情系中国的"国际雷锋" 舒爱文大使的故事

我初识舒爱文（Erwin Schurtenberger）大使是在上世纪70年代初。记得1972年我首次到驻瑞士大使馆工作后，接待的第一个代表团是中国卫生部以李冰为团长的访瑞代表团。当时，中瑞双方都很重视该团访瑞。瑞士外交部（当时叫政治部）派舒爱文陪同代表团访问，我则被大使安排负责全程陪同代表团活动。就这样，我们首次相见并共同合作接待一个中国代表团。记得他送给我的名片上写的职务是：瑞士驻捷克斯洛伐克大使馆二秘。因为他刚回国，尚未印新名片。令我和代表团成员惊讶的是，他会讲中文，虽不十分流利，但能彼此理解。而我当时的德文水平，可能还不如他的中文水平好。遇到一位会中文的人共事，我感到很亲切。舒爱文告诉大家，他是跟随"北京之声"（Radio Peking）广播每日最后三分钟的教中文节目学习的中文。他的勇气和毅力受到同行的全体中国人的赞许。

代表团入住苏黎世利玛河畔的皇冠酒店。舒爱文把我和代表团安排在最好的房间，他自己却住在酒店阁楼的一间小屋子里。我上楼找他商量事情，发现他正坐在窗前的地板上，准备代表团第二天的活动日程。他严于律己、助人为乐的品格使我肃然起敬。这是他给我的第一印象。

代表团在瑞士到处受到友好接待，访问非常顺利。我和舒爱文作为陪同，自然也很高兴。代表团访问结束时，他在送别的火车上用中文发表告别词，大意是：很高兴陪同大家访问瑞士，最后一句是"祝大家一路顺风回到北京来"。说完，他很谦虚地征求大家的意见，意思是有什么不妥或错误，希望大家纠正。大家为他的诚恳态度、认真好学的精神所感动，同时指出中文的"来"和"去"的区别——应该说"回到北京去"。听完，他连说："对！对！谢谢！"

在以后的几十年中，我两次在瑞士工作，共 15 年。而舒爱文在驻华使馆工作前前后后也有十几年，他从普通外交官升到大使。其间，我们总能见面，或在瑞士，或在北京。我在外交部西欧司工作期间，曾多次接受舒大使邀请，出席使馆举行的招待会、宴会、吹风会等活动。八九十年代，正是中瑞两国关系全面发展的时期，舒大使对此作出了巨大贡献。那时瑞士的一项民意调查中，他被评为当时瑞士最受欢迎、最有成就的两位驻外大使之一。

我还记得，1992 年 1 月，我国国家领导人访问瑞士时，有一次在礼宾安排上出现一个小误会。双方的礼宾官正在为此犯难时，舒爱文大使和夫人舒幽兰立即出面沟通协调，问题很快得到解决，使访问活动得以顺利进行。

还有一件 90 年代在北京发生的事给我留下了深刻的印象。那是瑞士温特图保险公司为在北京开设办事处举行的盛大招待会，数百客人出席。会议开始后，由于主宾发言者较多，加上译员声音较小，人们听不清讲话内容，会场出现了交头接耳的混乱场面。这时，司仪宣布请舒爱文大使讲话。突然，大家听到清晰的中文声音："女士们，先生们，大家好！"会场立即安静下来。接着，舒爱文大使继续用中文致辞。当他结束讲话说了声"谢谢"后，会场立刻爆发出热烈的掌声，持续数分钟之久。此事让在场的中外客人见证了这位瑞士大使的个人才能和魅力。

1995年，舒爱文大使在中国任职期满，但他没有完全离开中国。在中国改革开放吸引外资、建立合资企业的大潮中，他尽力发挥自己的作用。一次，他请我和庆忠在北京港澳中心聚餐时告诉我们，通过他的穿针引线，已在青岛建立了包括雀巢在内的五家中瑞合资企业，还在昆明建了一家现代化的中瑞合资香料厂。1999年，我们参加昆明世界园博会期间，又看到了舒爱文大使的身影。他盛情邀请我们这些出席瑞士馆日活动的中外来宾到香料厂参观。该厂在昆明附近，早已顺利投产，运行良好。厂方员工向我们介绍，舒爱文是董事长，每次来厂都坚持住工厂的职工宿舍，而不去住五星级酒店。他说，可以拿省下来的钱做些公益事业，帮助那些需要帮助的人。

参观完工厂后，他代表公司送给每位来访者一份礼物，那是云南丽江著名书法家和志刚先生的作品。这位书法家是失去双臂的残疾人，他以坚强的毅力，口衔毛笔练就了书法真功夫，成为丽江文化名人、口书书法家。舒爱文大使大量购入他的作品，并作为礼物赠送客人，显示了他对中国文化特别是书法的酷爱，同时也彰显出他对弱势人群的尊重与爱心。

还在舒爱文担任大使期间，使馆中国工作人员向我们说，大使经常为收入较低的工作人员子女资助学费。还有一个故事：有一年，他回国休假，回京时正值他的生日，大家买了一个雷锋石膏像放在他的办公桌上。他看到后非常高兴，沉默一会儿，然后对着雷锋像自言自语地说：雷锋！现在多么需要你呀！

离职后，舒爱文长期在中瑞两国之间往返穿梭，为瑞士在华企业提供咨询，并担任多个跨国公司及慈善组织的独立顾问，尤其对中国的教育事业倾注了大量的心血和满腔的热情。

据媒体报道，2012 年，舒爱文以 72 岁高龄走访河南省的贫困山区，向山区的古城小学捐款 200 万元，用于修建校舍。当地人称，这是河南省的"第一捐"。其实，自 1998 年开始，他就募集善款，在青海、西藏、湖南等地贫困地区新建、扩建和改建学校 72 所。仅为青海一省即募款 1657 万元，使 5050 名学生受益。此外，他还为该省偏远地区的幼儿园购置车辆，让儿童们有了受启蒙教育的机会。他为当地教育事业作出了贡献，受到当地政府和人民的敬仰，被授予"青海省荣誉公民"称号。

鉴于舒爱文对中国教育事业作出的突出贡献，他被人们称作"国际雷锋"。我认为，对于这一称号，他是当之无愧的。

友好的交往，难忘的情谊

王庆忠

（瑞中协会荣誉会员，中国前驻瑞士大使馆政务参赞）

从 1972 到 1992 年，我曾两次赴瑞士，并分别在驻瑞士大使馆和驻苏黎世总领馆工作，合计长达 15 年。在此期间，与瑞士各界人士有过许多不同程度的接触和交往，与他们的友谊给我留下了深刻的印象，令我终生难忘。

和瑞士三任联邦主席接触的故事

瑞士联邦委员会，即瑞士最高政府机关，由七名联邦委员组成，分管七个部。联邦主席由这七名联邦委员轮流担任，任期一年。

维利·里恰德（Willi Ritschard，1978 年任联邦主席）

里恰德先生 1973 年底当选联邦委员，至 1979 年一直任交通运输部长，1980 年至 1983 年任财政部长。

上世纪 70 年代，相隔千山万水的中瑞两国交通和人员来往极为不便，瑞士人对中国知之甚少。当时，在瑞士流传这样一则笑话：有人想访问中国，向旅行社打听如何去北京，旅行社的答复是：要去北京，得先到巴黎，然后飞伦敦，从伦敦跨越大西洋到纽约，再经洛杉矶飞东京，从东京飞上海，最后由上海转北京！由此可见，那时人们对两国之间的交通之不便是如何想象的。

里恰德先生 1974 年就任交通运输部长后，积极安排和中国的通航事宜。为此，他多次同中国大使接触和会谈。里恰德先生来自德语区，讲德语，我常充当德语翻译陪大使与其交往，因此经常有机会在不同外交场合同他接触。还记得，1974年初，在某次外交活动中我们相遇，互相问候后，他就直接同我用"你"的称谓交谈，而不是用"您"。这令我感到非常意外。因为他是联邦委员，而我只是一名普通的外交官。"你"这一称谓，意味着我们之间已由简单的工作关系更进一步成了朋友。此后，凡是在非外交场合，我们见面随意交谈，都以"你"互称，倍感亲切。

有一次，里恰德先生问我："在伯尔尼生活习惯吗？"我说："很习惯，饮食、气候都没问题，就是当地伯尔尼德语方言听不大懂。"他笑道："是的，是的。不光你听不懂，就连一些德国人也听不懂。"

里恰德就任联邦委员后，积极安排将早先两国签订的《中瑞民用航空运输协定》付诸实施。协定于1975年2月3日正式生效，同年4月7日，瑞士航空公司班机首飞北京。

为庆祝瑞中通航，并应邀对我国进行友好访问，里恰德联邦委员亲率有瑞士高级官员和瑞航总经理参加的18人代表团乘瑞航首航班机访华。使馆陈大使到苏黎世机场送行。4月7日，航班准时飞抵北京，代表团受到热烈欢迎和友好接待。在华期间，华国锋副总理接见了里恰德联邦委员。几天后，里恰德一行怀着愉快的心情乘瑞航班机飞回苏黎世。

飞机在苏黎世机场降落的时间是早晨6点钟。陈大使决定亲自去机场迎接。于是，我们凌晨4点起床，驱车120多公里从伯尔尼赶到苏黎世机场。天还未亮，我们站在停机坪上等候。不久，飞机徐徐降落在跑道上，慢慢滑向停机坪。机舱门一打开，里恰德先生第一个走出，他一眼便看到我们。下机后，

1977年，李云川大使（右2）与瑞士联邦委员里恰德就中国民航飞苏黎世事举行会谈。（右1为王庆忠）

他热情地向我们打招呼，握手说："这么早，你们来接我，非常感谢！"随后，我们陪同他边谈边走向机场出口。当时，天已大亮，我们环顾四周，除我们两人外，竟没有其他人来接他。于是，我们便小声问他瑞方是否有人接他，他告诉我们已约好了他的司机在机场出口等他。我们听后，感到十分惊讶。他注意到我们的表情后补充道："当然喽，还有我家人在家里等着我呢！"

当时，由于种种原因，中国民航尚未开辟由北京飞往苏黎世的航线。1976年下半年，李云川大使上任后，便与里恰德联邦委员联系商谈中国民航飞苏黎世的问题。1977年，双方各自率本国代表团在伯尔尼举行正式会谈。我作为李大使的德语翻译参加了会谈。大厅中的气氛热烈友好，大家刚刚落座，会谈尚未开始，里恰德先生显得非常高兴、激动和骄傲，他迫不及待地从他的皮包中拿出文件夹，大家以为是用于会

谈的文件。但打开一看，却是一张他访华期间同华国锋会见的照片。他向李大使和大家展示这张照片后表示，他对这次访华非常满意。他还说："中国是大国，瑞士是小国。中国主张国与国交往，无论国之大小一律平等，中国尊重瑞士的中立，认为中瑞两国没有根本的利害冲突，愿发展两国的友好关系。这也是我们瑞士所希望的。"会谈顺利进行，很快达成协议。1978 年 5 月 4 日，中国民航首架航班成功降落在苏黎世机场，受到瑞士各界人士的热烈欢迎，从而开启了中瑞两国互相直航的新纪元。

中瑞双方共同架设的这座沟通两国的空中桥梁，在当时中国尚未实行改革开放的 70 年代，是件大事。它大大拉近了两国的距离，方便了双方的经贸交流和人员来往，增进了两国人民的相互了解，使两国友好合作关系又进入了一个新的阶段。

里恰德先生出身水暖工，住在伯尔尼附近的索洛桐市（Solothurn）。周围的人们都只把他看作一位普通居民、一位好邻居。据当地人讲，邮差每次去他家送邮件，都直呼他的小名："维利！有你的邮件。"

里恰德先生从家到伯尔尼上下班都是乘坐近郊火车。有一次，在火车的二等车厢中，某国大使馆的二等秘书看见了他，便故意打趣地问他："里恰德先生，你是联邦主席，为何坐二等座位？"里恰德笑着回答："很简单，因为这列火车上没有三等座位！"

瑞士联邦铁路公司曾在一列城际列车车厢的窗户上方挂上了他的名言："猴子在树上爬得越高，人们越能清楚地看到它的屁股！"乘客看到，往往开心一乐，获得好心情，顿时舒解了旅途中的劳累。

让—帕斯卡尔·德拉米拉（Jean-Pascal Delamuraz，1989 年和 1996 年两任联邦主席）

上世纪 80 年代，中国实行改革开放，瑞士经济界人士都想来中国看看，寻求对华出口和经贸合作的可能性。为此，德拉米拉以州政委员的身份，率政府要员和经济界人士于 1983 年 7 月 4 日至 18 日来华访问和考察。我全程陪同代表团访问了北京、南京、无锡、上海、杭州和广州，参观了各城市市容、工厂企业、农村，同当地地方官员进行了会谈，在上海还观看了越剧《碧玉簪》。因我曾在瑞士工作过，和德拉米拉有许多共同语言，旅途中相谈甚欢。代表团在广州出境前，他表示：两周的访问收获很大，中国正努力实现现代化，是个巨大的市场。因此，瑞中发展经贸和科技交流的前景良好。我问他，我们的接待工作有何不足之处？他说："都好，就是那天晚上看越剧演出，一点都听不懂，也看不明白，一头雾水！"看来，对于具有不同文化背景的国家和人民，要做到相互理解，还需要彼此更多地接触与交流。

德拉米拉回国后，当年 12 月被选为联邦委员，同时就任军事部长至 1986 年，并于 1987 年至 1998 年任经济部长。

1991 年，我再次被派到伯尔尼中国大使馆工作。1992 年，在伯尔尼五星级的"美景酒店"（Bellevue）举行了一次驻伯尔尼外交使团的午餐会。就在我和其他国家的几位外交官围坐在大厅中间的一张餐桌旁交谈时，被告知联邦委员德拉米拉会来参加活动并发表讲话。大家都很高兴。片刻之后，德拉米拉从容步入大厅，边走边向大家挥手。此时，我看着他，他也在人群中看见并认出了我，我们四目相对，并点头微笑，我稍微举起右手向他致意。他走到前面主席台位置入座，几分钟后，便站起来用法语发表演讲。我不懂法语，根本没有听懂他讲了

1996 年 10 月，中国国家主席江泽民在北京举行仪式欢迎瑞士联邦主席德拉米拉访华。这是中瑞建交以来瑞士联邦主席首次访华。

些什么。一刻钟后，令我惊喜的一幕出现了。只见他停顿了一下，转而大声用德语说："女士们！先生们！对不起，现在我要用德语讲几句，因为今天有我的一位老朋友王先生在场，他只懂德语……"此话一出，引起在场的外交官们一阵小小的骚动。大家都朝我投以羡慕的目光和微笑。

这次意外的见面，是老朋友相隔八九年后的一次"巧遇"，也是我 20 多年外交生涯中绝无仅有的"礼遇"。

阿道夫·奥吉（Adolf Ogi，1993 年和 2000 年两任联邦主席）

奥吉 1988 年当选联邦委员，任交通能源部长。1995 年至 2000 年底退休前任军事部长。

奥吉任交通能源部长期间，我正在驻苏黎世总领馆工作。一天晚上看电视，在一条新闻报道中看到主管能源事务的联邦委员奥吉正号召全国居民做饭节省能源。在电视节目中，他亲自演示了用电炉煮鸡蛋可以省电的方法：把鸡蛋洗净放入锅中，水刚漫过鸡蛋为宜，盖好锅盖，放在电炉上，打开电源，等水煮开后，马上关上电源，不要掀盖，在电炉上利用余热焖五分钟，鸡蛋就煮熟了。拿到餐桌上，吃起来特别鲜嫩，味道好极了。

他的这种节能方法简单易行，很有新意，颇受人们特别是家庭主妇的称道，被称为"奥吉煮鸡蛋法"，广为流传。我们总领馆的同志照此法煮鸡蛋，果然效果不错。这事给我留下了深刻的印象。

1991年，我被调到伯尔尼中国大使馆任政务参赞后，在不同外交场合多次同奥吉先生有过接触，但只是握手问候，简单地寒暄而已。有次甚至在宴会的餐桌上我们的座位面对面，也未进行深入的交谈。虽如此，也算是"一面之交"的朋友啦。

2000年9月中旬，中瑞建交50周年之际，中国人民对外友好协会举行盛大的庆祝活动。瑞士联邦主席奥吉先生也应

2000年9月12日，中国国务院总理朱镕基在北京会见瑞士联邦委员会主席阿道夫·奥吉。

2003 年 11 月 6 日，瑞士联邦前主席奥吉访问北京二中，王庆忠和夫人许颖之（左 1）等陪同。

邀来华出席了这次庆典。中方出席的领导人是时任国务院副总理的温家宝。我也有幸参加了这次活动。

庆典上，奥吉先生发表了热情洋溢的讲话，称赞两国的友好合作。休息期间，同在活动现场的一位老朋友、瑞士因特拉肯中学校长莱辛（Reichen）先生拉着我向奥吉介绍说："王先生曾在中国驻瑞士大使馆工作多年。"于是，奥吉同我握手问候，几句寒暄后，我就对他说："我们在伯尔尼见过多次面，算是'老朋友'啦！"接着我便开玩笑地说："我还学会了节省能源的'奥吉煮鸡蛋法'。"他笑笑说："您也知道此事？"我回答："不光我会，我夫人也会，而且还教会了一些亲友。他们都说效果不错。"

奥吉先生和北京二中的同学们有着深厚的友谊。事情是这样的：瑞士因特拉肯中学校长莱辛先生与奥吉先生在青年时代同服兵役时相识并结成挚友。1985 年，因特拉肯中学在莱辛校长的主持下，与北京二中结成友好学校，而二中也因此首开北京市中学与国外建立校际关系的先河。此后，莱辛校长和因特拉肯市市政委员马蒂内利夫妇（Martinelli）在瑞士多次热情接待北京二中师生们访问。在莱辛校长特意安排下，奥吉先生会见了这些师生们，还领他们郊游，欣赏瑞士的美丽风光，由此成为二中的朋友。因此，奥吉先生每次来华访问，不管多忙，都要抽出时间去看望同学们。应莱辛校长和二中梁新儒校长的邀请，我都前往陪同，与奥吉先生的每一次重逢都令我特别高兴。我向二中的同学们说："你们在瑞士受到奥吉联邦主席接见和陪同郊游，真是太幸福啦！我真羡慕你们！作为外交官我在瑞士工作多年，从未受到过如此高规格的礼遇！"

我和苏黎世联邦理工大学的缘分

1988 年到 1991 年，我在驻苏黎世总领馆工作。听当地人们讲，70 年代，苏黎世居民讨论城市规划问题，有人主张建地铁，也有人主张扩建苏黎世理工大学。预算有限，鱼与熊掌不可兼得。于是，举行全民公投表决，结果多数人赞成扩建苏黎世理工大学，而不建地铁。这事给我的印象是：苏黎世人对自己城市感到自豪的，是拥有世界名校苏黎世联邦理工大学，胜过拥有众多世界级的大银行。

苏黎世理工大学是世界名校，与美国麻省理工学院齐名，在校师生 2 万多名，来自 100 多个国家。有人统计过，这所大学至今共产生了 21 名诺贝尔奖得主，伟大的科学家爱因斯坦就是其中一员。该校因此被称为"盛产诺贝尔奖得主的大学"。

有位朋友曾向我们介绍过一则爱因斯坦和苏黎世理工大学的故事：爱因斯坦出生于德国，16 岁来到瑞士报考苏黎世理工大学，但因考试成绩除数学和物理两门功课及格外，其他几门功课均不及格而名落孙山。他只好到苏黎世附近的阿劳市（Aa rau）中学补习了一年，并于次年成功进入苏黎世理工大学，在师范系攻读数学和物理。1900年毕业时，由于学习成绩平平，教授不愿让他留校做博士论文。爱因斯坦失业了，后经数年辗转，他终于在伯尔尼专利局谋得一个三等技术员的职位。这时他已加入瑞士国籍。不久，他的天才思想像火山一样突然喷发出来，并凝结成为震惊世人的"相对论"。有趣的是，此后，德国人说他是德国人，瑞士人则称他是在瑞士念的书，并已加入瑞士国籍，应该算是瑞士人。

这则极具传奇色彩的故事深深地吸引了我，我总想着能亲自看看苏黎世理工大学是一所怎样的大学。长久以来，它对我而言只是一个可望而不可即的存在，我对它也唯有羡叹而已，做梦也不会想到和这所著名大学搭上关系。

20世纪80年代，中瑞两国关系有了较大的发展，我国教

苏黎世联邦理工大学正门

育部门及高校同苏黎世理工大学的交往日益密切，来校就读的中国留学生和进修学者日益增加，总领馆和苏黎世理工大学的来往也多了。我们经常应邀到学校访问，同留学生接触，与校方商谈一些具体事宜，做了我们应该做的事情。

1990年3月12日，在一次同苏黎世理工大学金属研究和冶金研究所的接触中，所长斯派台尔教授（Prof. Dr. Markus O. Speidel）发表讲话，赞扬中国学者和留学生勤奋好学，并感谢我们总领馆的帮助。之后，他话锋一转，说为了感谢我们在同他们的友好合作中作出的努力，当场授予我一枚银质奖章和一份由他签署的荣誉证书。

这一举措，完全出乎我的意料。我深深地知道，这一荣誉不是属于我个人的，而是对总领馆工作的褒奖，也是对我国有关院校和该所卓有成效的友好合作的认可。

1992年从瑞士回国后，我在中国人民外交学会工作。1994年秋，学会收到了苏黎世联邦理工大学安全政策和冲突分析研究所所长斯皮尔曼教授（Prof. Dr. Kurt R. Spillmann）的一封信，在信里，教授邀请学会一位学者去该研究所进行为期4个月的学术交流。我很荣幸地成为这一学术交流的人选。

斯皮尔曼教授是瑞士著名的国际问题专家，经常在媒体上发表关于当前国际重大事件的评论，被称为"热点专家"。到他的研究所访问和交流，我很高兴。

1995年4月中旬，我怀着愉快的心情到达苏黎世，斯皮尔曼教授亲自到机场迎接，然后为我安排了住处和办公室，并介绍全体研究人员与我相互认识，一切顺利。晚上，他和夫人举行家宴，为我洗尘，非常友好、热情，令我好像在家里一样，没有一点陌生的感觉。

第二天开始工作。这里条件非常好，不光电脑等设备齐全，而且资料档案应有尽有，还可随时和同事、所长沟通，探讨问题，交换意见。

所内日常工作中，我发现两点做法很好：一是每天上午10时，有一刻钟的"咖啡时间"，全所同事聚在一起喝咖啡，所长也参加。大家边喝咖啡，休息放松，边随意探讨问题，无拘无束，畅所欲言。所内事情，所长往往当面就拍板决定。这种做法，类似定期会议，效率很高。二是所里的女秘书职业素养高，职责范围广，虽包揽了文书、行政、外联等很多项事务，但忙而不乱，一切打理得井井有条，给大家节省了许多处理事务性工作的时间和精力。

大学楼的顶层是教授餐厅，明亮、舒适、高雅。斯皮尔曼教授和我有时在此用餐。他说，这里也是诺奖得主们用餐的地方。

工作开始后，我阅读了所内专家和学者们特别是所长斯皮尔曼教授撰写的一些文章，积极参加所内的讨论会，收获颇丰。两个月后，我写出两篇论文稿。一篇是关于中瑞两国友好关系的，另一篇是关于亚太形势的。大家希望了解亚太问题，于是我在所内作了专题发言，向同事们介绍了我对亚太形势的分析和看法。过了几天，所长斯皮尔曼教授叫我向某学院的学员们报告这个题目。报告很顺利，得到听众的接受和认可。据此，斯皮尔曼教授决定让我在联邦理工大学内向学生们和社会人士就这个问题再作一次报告。为此，特意在大学楼大厅中张贴通知，并在《新苏黎世报》上登出广告。报告会定于7月2日在大学的大教室举行。

报告会那天，我拿着讲稿走上讲台，环顾大厅，看到下面许多听众面朝着我，心里泛起一丝紧张。稍微定了定神后，我发现下面竟有许多熟悉的面孔，其中有苏黎世市长瓦格纳（Wagner）、中国总领事田东亮等朋友，因此心情就放松多了。

报告和回答提问，总共用了约一个半小时。当我走下讲台时，瓦格纳市长走上前来，同我握手致意。

瓦格纳先生是我1982年就结识的老朋友。他是瑞士著名的政治活动家，历任苏黎世市长、副市长，也曾担任瑞士外交政策协会主席，后来还是瑞中协会主席。他几十年如一日，为发展瑞中两国友好关系和苏黎世—昆明友城关系作出了巨大贡献，深受中国朋友敬重。对他的光临，我深表谢意。

报告会后，所长斯皮尔曼教授决定，将报告稿全文登载在该所出版的专业刊物上，并在网上发表。

1995年7月下旬，我在研究所的工作即将期满。所长抽出一个上午，陪我礼节性辞行拜会了苏黎世联邦理工大学校长，下午在研究所内为我举行了告别酒会。

接下来，所长夫妇专门花了两天时间陪我旅游，乘火车经过瑞士中部的琉森市到达因特拉肯市，欣赏了美景如画的湖光山色，并登上世界级的旅游胜地——少女峰观光。

1995年7月2日，王庆忠在苏黎世理工大学作报告后，瓦格纳市长向他表示祝贺。

斯皮尔曼所长对我极其友好的接待、无微不至的照顾，使我十分感动。月底，我满怀着斯皮尔曼教授、所内同事们和理工大学的深情厚谊，含着泪水恋恋不舍地踏上回国的航班。

我这次以学者身份在苏黎世联邦理工大学进行学术交流的几个月，学到了很多知识，大大开阔了眼界。更重要的是，和瑞士朋友结成的友谊十分珍贵，终生难忘。

不久，中国人民外交学会盛情邀请斯皮尔曼所长和夫人来华，双方就国际问题进行了交流。我特别高兴地陪同他们访问了北京、济南、上海等地。就这样，双方开始了多方面的友好合作关系。

这就是我和世界名校苏黎世联邦理工大学的缘分。它是我外交工作生涯中一段非常愉快的经历，给我留下了特别美好的回忆。

我所认识的瑞士亿万富翁马丁·许尔利曼

瑞士著名财经杂志《资产》（Bilanz）1989 年第 10 期和 1990 年第 11 期分别刊登长文，介绍瑞士最有钱的百多名富人，其中一位叫马丁·许尔利曼（Martin Huerlimann）。他继承祖业，在苏黎世拥有一座大啤酒厂和 60 多处房地产，身价 2—3 亿瑞士法郎（1 法郎约合 6 元人民币），是瑞士大名鼎鼎的亿万富翁。

我认识这位富翁的过程是这样的：1989 年我在驻苏黎世总领馆时，收到当地旅游部门的一封邀请信，请我们参加有市长和社会名流出席的说明会。我和夫人许颖之在说明会那天准时到达会场，发现主席台上市长瓦格纳左边坐着一位嘉宾，座位签上写着"马丁·许尔利曼",但不认识他。之前,我们有一位朋友"马丁·许尔利曼"是巴塞尔人,曾于1925年到中国大陆和香港旅行,拍摄了许多照片。50年后,即70年代中,他又去中国,在老地方又拍摄了照片,前后对比,能看出中国半个世纪的巨大变化,十分难得。他为此举办过摄影展,还出了影集,颇受朋友们的称赞。眼前的这位马丁·许尔利曼和我们认识的那位马丁·许尔利曼显然不是一个人。会后,我们怀着好奇的心态,很有礼貌地问他:巴塞尔也有一位叫马丁·许尔利曼的先生,你是否认识?他听后笑笑,爽直地回答:"那是我的叔叔,与我同名同姓。"接着他自我介绍说,他们家族都很向往中国,仰慕中国的古老文化。他祖父也曾在20世纪初到过北京,坐轿由两名"苦力"抬着,路上走了好几天,才到达万里长城观光。他的女儿克里丝汀(Christine)毕业于洛桑酒店管理学校,现正在苏州一家酒店实习。他本人也愿去中国看看,希望和我们保持联系。

就这样,我们认识并建立了联系。

1989年的一天,他邀请我们去他的住所和啤酒厂参观。对此,我们很感兴趣。

他的住所在"斯尔堡"(Sihlberg),位于苏黎世市区西南的小山丘上,远远望去,宛如童话中的城堡,建筑艺术和造型非常优美,是苏黎世著名的建筑物和历史文物。许尔利曼介绍说,这座"堡"是他祖父在100多年前建造的。现在,子女都不在身边,家中只他一人住此。不过他不孤单,他把一层提供给幼儿园使用,二层和三层大部房间出租给大学生,还给他们免费提供啤酒和矿泉水。大学生们和他的关系很好,亲切地称他"许老爸"(Papi Hue)。每当他要外出几天,就在大门上贴个通知,委托某人负责晚上关门,帮他遛狗。他住在二层，有客厅、卧室、卫生间、餐厅和厨房，都不大，但方便实用。参观卧室和卫生间时我注意到，他用的牙膏、香皂都是超市的廉价处理货。有趣的是，他烧菜做饭，都倒点啤酒，以提高口感。他说："有时洗浴，我也加点儿啤酒。"

许尔利曼先生的啤酒厂就在"斯尔堡"附近，占地七公顷，火车可直接开进厂内。每个车间都十分干净，自动化程度很高。工厂既生产常规啤酒，也生产无醇啤酒（无酒精）。他说，为提高啤酒质量，他们打了300多米深的井，汲取优质地下矿泉水，酿造口感更好的啤酒。此矿泉水除酿啤酒外，还作为瓶装矿泉水出售，取名"Aqui"。此外，他把用不完的矿泉水用管道引到附近的大街上，修建了一座街泉，日夜不停地流淌，供人们自由取用。苏黎世一家大报纸称赞道，这是"赠给苏黎世人的礼物"。

许尔利曼先生腰缠万贯，但不吝啬，不是守财奴。他乐于助人，积极参加义捐活动。他的祖父生意鼎盛时期恰逢瑞士经济萧条，就曾慷慨援助过贫困的人们。

许尔利曼先生多次表示愿意访华，以了解中国。为此，我们邀请他和夫人到总领馆做客，给他们放映介绍中国的电影。随后，又帮他办理了去中国旅行的签证。他在中国从南到北访问了许多地方，多年的愿望终于得以实现。

1995年5月，许尔利曼先生七十大寿，他在苏黎世附近山上一家高雅豪华的酒店里举行宴会，邀请30余位亲朋好友参加。当时，我正在苏黎世理工大学工作，也在受邀之列。宴会桌上摆放着客人座位卡和菜单，菜单上印有他的肖像，特别注明饮料有"许尔利曼啤酒"和"Aqui"矿泉水。

席间，他意味深长地表示，十分珍视和老朋友多年的友谊，他老了，要从企业领导位置上退下来，愿与老朋友经常见面、

马丁·许尔利曼（右）
请王庆忠一家去因特
拉肯郊游，与其夫人
许颖之和女儿合影。

聊天，过清闲生活。

过了几年，我们来瑞士探亲，有幸再次见到许尔利曼先生。
大家一见如故。他还是那样热情友好，有说有笑，特别亲切，
不过就是显得老了一点：脸上皱纹多了，有些驼背。他表示十
分愿意邀请我们到著名的旅游胜地因特拉肯市度周末。我们也
很愿同他一起，重温多年的友谊。在因特拉肯市，他带领我们
参观了当地的露天民俗博物馆，观赏了《威廉·退尔》名剧，
还请我们在豪华的"维多利亚—少女峰"五星级酒店品尝了西
式大餐和名酒。

这次聚会后，我们再也没有机会见到他。至今，我们一直
都很怀念这位低调友好的亿万富翁朋友。

使馆建楼记

上世纪 70 年代末，中瑞关系有很大发展，我们使馆工作

量增加，办公室和住房十分紧张。经请示国内，决定在使馆后院建一座新楼。李云川大使亲自抓此项工作，他让我负责与伯尔尼市政府交涉有关事宜和各项对外联系事务。

我馆人员都是外行。建座新楼，谈何容易？诸多意想不到的困难和问题，一个个接踵而至。但巧事、趣事、乐事也相继出现，终于，个个难题得以顺利化解。

首先，建楼的图纸怎么办？大家正在想办法，为难之际，机会来临。那时，正巧广州设计院佘俊南院长在我驻西德使馆出差后，途经瑞士转机回国。我们抓住这个机会，请他在我馆多住几天，绘制新楼图纸。佘院长欣然同意。他仔细观测场地、环境和周围建筑物，听取我们的愿望，然后便夜以继日地工作，仅用了一周时间，便将图纸呈现在我们的面前。大家看了非常满意。

我高兴地拿着图纸到伯尔尼市政府规划局交涉。主管官员看后十分惊讶，称建筑风格和周围环境完美结合，符合瑞士有关规定。他们认为，图纸非常专业，肯定出自一位建筑大师之手。对此，规划局提不出任何异议，但要求我们找好承建公司，立出标杆，听取四邻意见。

我便找了瑞士最大建筑公司之一的 L. 公司，谈妥，签了合同。公司便在使馆后院选定的工地上立了几根标杆。标杆标出的高度和范围同新楼一致。这样，邻居都会一目了然。果然，立杆后，陆续有人在院外来来往往观察。

使馆东邻是位名叫冯·施泰格尔（von Steger）的老太太，我们大使每年都请她到使馆做客。她同我们关系一直很好，建楼对她影响也不大，她开始有点犹豫，但不会反对。但其他邻居就不同了。几天后，规划局的官员告诉我们，大约有 20 户邻居对建楼表示疑虑，甚至反对。为了做这些邻居的工作，我和规划局官员商量，决定联手说服他们。首先，请他们到使馆后院参观，就地了解规划和设计，以破除疑虑。其次，规划局召集他们开会说，瑞士在北京建了一处非常漂亮的大使馆，而中国在伯尔尼的这座大使馆实在太小了。另一方面，新建的大楼建筑风格和环境完全一致，不会影响四邻视线，也不会破坏风景。冯·施泰格尔老太太带头发表了赞成的意见。这样，大家才消除了疑虑，纷纷表示同意。

就这样，新楼按时破土动工。总承包公司将工程任务分成几个项目，交给几个分公司。每个分承包公司依照总承包公司的安排，各自按时施工，按部就班，一点不乱。工地是繁忙的，每天只见一批批工人运出垃圾，运进建材。一切都有条不紊，而且始终尘土不扬，噪音也不大，没有影响我们工作。我们发现，即使工地上只有一个人工作，他也能一丝不苟，按时作业，绝不迟到或提前下班。上大梁那天，按照当地习俗，使馆为建筑工人们举办了冷餐招待会，以示感谢，大家都很高兴。

又一个问题接着出现了：工程进行了几个月，即将收尾，按合同规定，要向总承包公司付款，可是国内的汇款未到，怎么办？

李大使让我去找银行想办法。我心里也没底，于是抱着试试的想法，找到瑞士联合银行（UBS）伯尔尼分行经理斯密特先生（Schmidt）商量。他爽快地答应给我们贷款100万瑞士法郎，而且不需要抵押。按约定，我们将工程款按时付给了建筑公司。一周后，国内汇款到账，我马不停蹄地到银行还贷。斯密特经理非常客气地对我说：鉴于银行和中国大使馆多年的友好合作关系，这笔贷款就不收利息啦！

在各方配合、共同努力下，大楼顺利建成。伯尔尼环保局派人上门来检查，拿出开工前的图纸说，按瑞士法律规定，砍

伐一棵树，就得在原地或附近再补种一棵；还要求我们恢复环
境，绿化庭院，种植花草。这又是一项工作量很大的任务。

解决绿化庭院问题，我想到了一位朋友塞莱格（Seleger），
他是瑞士著名的园艺师，在苏黎世郊区拥有很大一片湿地花
园，种植有各种树木和花卉。他酷爱杜鹃花，曾访问我国，专
程去江西观赏杜鹃花。我拜访他，问他是否对绿化使馆庭院有
兴趣，他表示非常高兴，愿全力以赴。

过了几天，他亲自到使馆察看地形，丈量面积，设计布局。
不久，他和几位工人便用卡车拉着雪松、槐、杉等树苗，以及
玉兰、杜鹃花、竹子等花卉运到使馆栽培。我馆同志纷纷报名
参加劳动。塞莱格先生说："你们参加劳动，我欢迎，但不准
打乱我的布局。我说在哪儿挖坑，就在那儿挖！不许移动半步，
更不许马马虎虎乱挖！"

在他亲自参与下，经过两周的劳动，一座漂亮的花园就建
成了。园中是棵高大挺拔的雪松，四周树木和花草相间，错落

有致，美不胜收。邻居和过路行人赞叹不绝！市环保局官员看后，二话没说，满意而归。

全馆同志喜气洋洋，立即把新楼当成办公和外事活动的场所。

李云川大使却深情地对我们说："由于经费限制，楼内房间较小，而功能还需要继续完善，但解决了使馆办公和对外活动的大问题，至少到本世纪末都够用。由于形势发展很快，下个世纪（21世纪）如何？就很难说了。"

我与警察偶遇的几个小故事

40年前，我在驻瑞士使馆工作时，经常看到警察在我们使馆区巡逻。我想，对警察最好敬而远之，不要扯上什么关系，免得弄不好出现误会，引出不愉快的事情来。可是，久而久之，同他们接触多了，经过一些事情的处理，这种看法就随之有所改变。

修树

我驻伯尔尼大使馆前院墙边有两棵笔直的大树，约四五十米高，每年秋天落叶缤纷，但有时刮风掉下枯树枝，会对过往行人造成安全隐患。一天，我在院中观看树上是否有枯树枝时，正巧巡逻警察经过。我向他们打了个招呼，开玩笑地说道："树这么高，该剪枝修理了，可惜我爬不上去呀！"他们往树上看了看，表示可以帮我们修剪。我问他们需多少钱，得到的答复是无须付钱！我说；"当真？那好，非常感谢！"

第二天上午，果然有七八位警察开来大卡车停在使馆院外的马路旁，慢慢支起云梯。他们上下操作，像理发师一样，先拔掉枯树枝，然后修剪。两个小时后，一棵长疯的大树被修剪得干净利落，好看多了。下午又忙活了两个小时，另一棵树也修剪好了。他们忙了一天，个个满头大汗。我对他们说："为表示感谢，今晚请大家在使馆吃饭。"此言一出，警察们都很高兴。他们表示要先回家沐浴，换西装，打领带，准时来使馆赴宴！

交警

苏黎世是瑞士第一大城市，常住人口 30 多万，每天早晨有数十万人从外地来市区上班，交通繁忙，但看不到市中心有交警指挥交通，而车辆行驶有序，不乱、不堵，令人佩服。

早先，有一段时间，在市中心交通枢纽处，曾设有女交警指挥交通。她们头戴遮阳帽，身着深色制服，戴白手套，不停地转身，挥手臂指挥过往车辆，犹如演员舞蹈，着实好看，成为该市一道靓丽的风景。人们经常把此事当作谈资。我们开车路过，也赞叹不已。不久，人们发现设立女交警指挥交通，不仅不能使交通更畅顺，反而加剧了堵车。因为，司机经过岗哨，都把车速放慢，欣赏女交警的形象。

领带

80 年代初，我总领馆和苏黎世市政府来往很多。有次，我去警察局找局长商谈接待我国代表团访问事宜。一进大门，传达室人问我："先生，有何贵干？找谁？"我没有直接回答他，而是把局长送我的带有警局标志的领带向他亮了亮。他会意地笑道："明白！好，好，局长办公室在二层，我马上电话告诉秘书接待您。"

这就是领带的妙用！

兜风

我们总领馆位于苏黎世湖的西岸，离湖很近。有一天下午，我到湖边散步，注意到湖边有个警察站，旁边停着两艘快艇。我走上前去，只见有位警察正忙着拉快艇绳索，系在岸上的桩上。我上前同他打招呼问候，他也转身同我交谈起来。我开玩笑地说："你们瑞士没有大海，却拥有'海军'呀！"他笑道："我们是水上警察，负责苏黎世湖上船只和人员的安全。"他接着问我愿不愿意乘快艇在湖上兜风，我欣然接受了他的邀请。于是，他让我坐上快艇，开动马达，在湖上遛了半个小时才回来。

巡警

在苏黎世见不到交警，但有时能遇到巡警。2014年8月，我们在苏黎世探亲期间，到市中心拍摄风景照片。在警察局前面的停车场上，遇着一位女巡警，正扶着自行车休息。她腰间系着警棍、手枪、报话机等装备。我朝她看了看，示意可不可以拍照片？她点了点头。于是我才朝她按动相机的快门。我问她："带着这些装备，为何不骑摩托车，而骑自行车？"她看我并无恶意，便解释道：要走大街小巷，上下坡度大，又不能产生噪音，自行车方便。她们也有摩托车，是在公路上和紧急情况时才使用。当我问及市内刑事案件时，巡警告诉我们：此类案件并不多发，但晚上青年人聚集喝酒吵架滋事时有发生，需要处理。接着，又有三位男巡警骑自行车巡逻回来，加入我们的聊天，如同见过面的朋友一般。一刻钟后，才各自散去。

调解

有一次，我去苏黎世机场接国内来客，提前一小时到达候

王庆忠夫人许颖之在苏黎世街头与武装巡警聊天。

机厅。在大厅中偶遇一位华侨朋友，他也去接人。因等待时间长，他请我到旁边的咖啡厅喝咖啡。不知为了何事，这位华侨和售咖啡的工作人员谈不通，差点吵起来。这时，只见华侨拿出手机给警察打了电话。几分钟后，果然来了一位警察，他询问发生了什么事。两人各自说了原委。警察听后便向他们说了几句，问题就解决了。我很奇怪，问该警察是怎么回事，他笑道："语言不通，产生了误会，已经解决，没事了。"说完，他就走了。

当时我想，这种小事，警察也管？！

我真正明白了："有事，找警察！"

昆明和苏黎世友城关系
是怎样建立起来的?

许颖之

(瑞中协会荣誉会员,中国前驻苏黎世总领馆领事、前驻瑞士
大使馆文化秘书)

昆明和苏黎世友城关系,自1982年建立以来,30多年的友好交往和合作,取得了令人瞩目的丰硕成果,被称为友城关系的"典范","独一无二",是中瑞两国关系中的一大亮点。

许多人好奇地问道:苏黎世是世界名城,经济十分发达,又是国际金融中心之一,而昆明则是中国西南边陲的省会城市,经济和社会发展水平与苏黎世相比有很大差距。这两个城市距离遥远,并不怎么"门当户对",它们是如何走到一起的呢?

我曾于1972年至1982年在中国驻瑞士大使馆文化处工作十年,有幸见证并参与了这一友好城市关系建立的过程。它给我留下了难以忘怀的美好回忆,也是我深感自豪的一件大事。

大背景

上世纪五六十年代,中瑞两国相隔万里,互相交往和了解不多。很多瑞士人只知道中国是东方的一个文明古国,很遥远,很神秘。而许多中国老百姓则认为,瑞士是欧洲的中立小国,好像家家户户都生产手表。到了70年代中后期,中国逐渐摆脱动荡年代的阴影,开始迎接改革开放的新时代,于是两国交

往增加，关系慢慢升温。

首先是 1974 年，瑞士在北京举办工业技术展览会，瑞士联邦委员兼外交部长格拉贝尔（Graber）来华访问并出席该展开幕式。他是中瑞 1950 年建交以来首位来华访问的联邦委员，受到邓小平副总理的亲切会见。1978 年，谷牧副总理率团去西方"取经"，首站是瑞士，受到联邦委员兼外长奥贝尔的欢迎和会见。

中共十一届三中全会刚刚落下帷幕，1979 年 4 月，瑞士工商界和一些社会知名人士便闻风而动，发起在苏黎世举办"中国是瑞士的贸易伙伴"论坛，得到李云川大使的积极支持和赞助。与会各界人士数百名，包括瑞士工商和金融界人士、瑞士外交部高级官员，以及前联邦委员塞里奥（Celio）、著名汉学家麦因贝格（Prof. N. Meienberger）教授、著名记者库克斯（Kux）等社会名流。李云川大使也率使馆多名外交官出席。经过两天的专题报告和热烈讨论，大家一致把发展经贸和友好关系的目标投向中国。

接着，1980 年瑞士迅达电梯公司率先在中国成立中瑞合资公司，成为中国改革开放后第一个与外国合资的工业项目。同年 10 月，大型"中国珍宝展"在苏黎世展出，参观的人群排起长长的队伍，盛况空前，轰动全国，一时间成为人们谈论的话题。"China"（中国）几乎成了瑞士媒体争相报道的主题。通过这些密切交流，双方感到彼此不再那么陌生和遥远了。

来自昆明的友好使者

在这期间，中国有两个"友好使者"先后到瑞士访问。正是他们的到访，直接催生了昆明和苏黎世结成友好城市关系。

1980 年 5 月，中国人民对外友好协会派出以中共中央委员、云南省委第一书记、云南省省长安平生为团长的友好人士代表团，受瑞士"对华友好协会"（Vereinigung der Freundschaft mit China）邀请，到瑞士进行友好访问。我受李云川大使的委托，陪同该团访问并担任翻译。该团在苏黎世受到魏德迈尔市长（Dr. Widmer）的亲切会见，其中有一些谈话内容十分精彩，我至今记忆犹新。安平生团长在向魏德迈尔市长谈到他对苏黎世的印象时说，他乘坐主人提供的小型飞机从空中鸟瞰苏黎世时，惊奇地发现，这座由湖光山色簇拥的美丽城市，与其家乡昆明有着惊人的相似。这句话引起魏德迈尔市长的极大兴趣。安团长继而详加对比：你们有美丽的苏黎世湖，我们有七百里滇池；这里有苏黎世山，那边昆明有西山；这里有牛群，人们吃奶酪，我们那里也有牛群，云南人也吃乳制品乳膻。另外，云南是中国 20 多个少数民族的家园，大家和睦相处，谋求共同发展。由此可见，我们双方的家乡，何其相似！他的这番朴实的观感，没有客套，也没有外交辞令，而是像远方来的亲戚拉家常一样，使人倍感亲切。正是安团长的这番介绍，引发了魏德迈尔市长去中国、去昆明探访一下与苏黎世如此相似的城市的愿望。

　　安平生友好团访问后不久，又一个来自昆明的代表团——以著名京剧表演艺术家关肃霜为首的京剧团来瑞士进行巡回演出。由于当时艺术团出国演出尚无商业演出的模式，加上时间紧迫，没有太多的准备时间，经过考虑，李云川大使委托我同苏黎世市政府文化部门试探一下，可否协助安排相关活动。经与苏黎世市政府联系，很快得到肯定的答复：苏黎世可以出面组织剧团进行不以营利为目的的友好演出，地点包括苏黎世、伯尔尼、日内瓦等城市。经与国内有关部门和剧团联系，瑞士巡演很快得到落实。具体事项由苏黎世市政府办公厅（Presidialabeilung）的尼·柏劳赫先生负责，并派出后来被京剧团称作"苏黎世大小姐"的雅凯（Jaccard）姑娘全程陪同。京剧团在苏黎世和各地的演出大获成功。来自昆明的艺术家们像是一张多彩艳丽的名片，展示在苏黎世等地的观众面前。

水到渠成，喜结友城良缘

正是这两个代表团的访问，直接引起了双方相互更进一步交流的兴趣和愿望。安平生代表团曾向大使馆表达了一个心愿，想与瑞士某个城市缔结友好城市，以此为平台，加强地区间的合作与民间友好往来。对此，李大使表示积极支持，苏黎世和昆明应列为首选城市。他委托我与苏黎世市政府进行接触。经过试探，很快得到对方的积极响应。由于史无前例，不仅双方要进行相互了解，而且因为是双方地方政府之间的官方协议，还涉及各自国家的法律程序问题，需要时间准备，不可能一蹴而就。

有志者，事竟成。准备过程十分顺利，没有遇到任何阻力和困难。一年后，终于迎来了美好的一天。1982年2月17日，苏黎世魏德迈尔市长应邀飞往昆明，在他的老朋友安平生省长的见证下，与朱奎市长共同签署了"昆明—苏黎世缔结友好城市协议"。一时间，此事在两市、两国间传为佳话，引起广泛的热烈赞同。苏黎世和瑞士电台、电视台及各大官方、民间平面媒体相继作了大量详尽的报道，这就向瑞士人民打开了一扇窗口，使他们看到热情友好的中国人民与其进行友好往来和加强合作的美好愿望。

1982年4月，苏黎世老市长魏德迈尔博士（左3）在苏黎世机场贵宾室用香槟酒欢迎昆明市市长朱奎（左2）来访。中国驻瑞士大使李云川（左4）也到机场迎接。

时隔不久，这年 4 月底，昆明市朱奎市长率团到苏黎世回访。当时正值苏黎世市长换届，瓦格纳博士接任市长。老市长魏德迈尔亲到机场，在贵宾室用香槟酒欢迎朱市长的到来。新市长瓦格纳则在市国宾馆设正式宴会，欢迎新伙伴。

　　就这样，昆明和苏黎世友城关系正式拉开了序幕。

　　从 1982 年到 1990 年，瓦格纳担任两届八年的市长期间，与昆明市的交流与合作从起步到发展，取得了丰硕成果，给两市合作的可持续发展打下了良好的基础。两市合作在昆明城市供水、排水、污水处理、城市公共交通等领域取得了实实在在的成果。而在以后的年代里，尽管两市市长换了一届又一届，却都努力秉承友好协议的精神，持续向前发展。这充分说明了两市领导的远见卓识。

1982年5月，苏黎世市长瓦格纳（左2）陪同昆明市长朱奎（左1）参观市容。（左3为许颖之）

　　现在，昆明—苏黎世友城关系还在不断深入发展。与此同时，中瑞两国友城和省州关系已经扩展到14对。

　　榜样的作用是强大的。这对"典范"友城关系在中瑞两国关系中树起了坚实可靠、面向未来、可持续发展的标杆。

"你好，谢谢，干杯！"

——一名空间规划者在中国的亲身经历

迭哥·萨尔美隆

（瑞士 LEP 规划咨询公司首席执行官）

王 维译

我们作为瑞士苏黎世联邦理工大学的专业团队，于1997年2月前往昆明。经过长途飞行——途中经停曼谷和清迈——我们终于抵达了昆明巫家坝国际机场。当时，巫家坝机场所在的位置还是城市的南郊。不过，轰轰烈烈的城市开发建设活动在那时已经初现端倪。我们在当地的合作伙伴，亦即昆明市规划局的朋友们，从机场接我们进城。沿途经过了多个开发建设工地，这种大规模的建设景象是我前所未见的。

这是我第一次前往亚洲——其实也是我第一次坐飞机长途旅行——时差和疲倦令我处于一种"文化冲击下的迷幻状态"，一切都显得有些虚幻。坐车进入市中心的这段路上，车窗外的景象就像电影画面一样从我眼前一幕幕掠过。小孩子们坐在高速公路边玩耍，还有人若无其事地随意横穿高速公路……直看得我瞠目结舌！

我们被安排住在昆明市自来水公司的招待所里，这里与著名的翠湖毗邻。当时，这片老城区还是多个少数民族聚居的地方。街巷中充满市井生活的气息，对我来说非常新奇。接下来的时间里，我总是惊讶不已，仿佛仍然身处一部长长的电影之中。当地居民看到我的时候，恐怕也有类似的感受。有些人惊奇地睁大双眼盯着我，就好像我是外星人一样。

多年后，这片市区经过彻底改造，已成为城市中产阶层最青睐的住宅区和休闲娱乐地带之一。

当天晚上，我在一家小饭馆里第一次品尝了本地美食。我发现当地的中餐极其美味可口，与我在瑞士吃到的中餐味道并不相同。当时，我手里的筷子还不是很听话。经常正要张口之时，饭粒却从筷子上掉到了盘子里，令同桌的那些驾轻就熟的瑞士同事和中国的新朋友们忍俊不禁。不过我学习速度很快，因为饭菜太好吃了！

吃过晚饭，大家一起在附近的街巷中散步。入目所见，到处是人。那种嘈杂喧闹的声音真是让人难以置信。回到招待所后，中国同事们请我们喝茶、吃点心。钟表显示的时间已经是晚上 8 点 45 分了，我实在困倦不已，只好向大家表示歉意，回房间休息。我的房间非常宽敞，不过感觉室内温度只有 15 摄氏度。房间里有一个小小的便携式电暖器，可是开关没有打开。像长江以南的所有城市一样，这里也没有中央供暖系统。但我还是很快就进入了梦乡。第二天清晨 6 点整，我在这个项目的上司马库斯·埃根贝格就把我叫醒了。他在一个小时前就已经起床，并且剧烈晨练过一番了。我们 7 点整吃早饭。一看饭桌，我不禁眼前一亮。除了米线和其他中国美食外，居然还有正宗的瑞士辫子面包、黄油和果酱。这让我再次惊诧万分。马库斯告诉我说，以前曾有苏黎世的女士因为参加苏黎世和昆明友好城市合作项目来到这里。她们住在这座招待所的时候，把辫子面包的制作方法传授给了招待所的厨师。这确实称得上中瑞合璧的饮食文化！

早饭后，我们来到招待所的院子里，那里已经为我们准备好了标准的中国自行车。我们骑车前往工作地点。首先在翠湖边骑行一段，然后沿着从西向东的一条主干道继续前行，路途相当长。不过，一路上的景象令我极感兴趣，也深刻难忘。

即使在 1984 年的环瑞自行车大赛上，我都没一下子见过这么多骑自行车的人。完全可以称之为自行车拥堵啊！人们在自行车上捎带的东西更是五花八门：从活鸡、活猪、箱柜直至建筑材料，形形色色，无奇不有。可以说，几乎所有能够设想得到的东西，都统统搬到了自行车上，此外，还有许多无法想象的东西！

昆明市的海拔超过 1800 米，空气比我们苏黎世市稀薄，并且弥漫着一种淡淡的、刺鼻的硫黄味道，那是因为到处都使用石煤炉的缘故。

将近半个小时后，我们到达昆明城市规划设计研究院的办公大楼。楼梯间里的地上摆放着小盆罐，我还以为是漏雨接水用的。向里一看，不对，原来是痰盂！人们带我们继续上楼，来到友好城市合作项目办公室。瑞士瓦特工程技术股份公司的项目经理马库斯·特拉伯在那里热情地欢迎我们。室内很凉，所以大家都没有脱掉大衣。稍后，我们就与昆明的"核心团队"举行了首轮工作会议。这个"核心团队"是由昆明的城市规划专家组成的一个工作组。

受瑞士联邦外交部发展与合作总司委托，我们的苏黎世联邦理工大学地方、区域与国家规划研究所（ORL）在所长威利·施密特教授的领导下，与昆明市政府的一支跨学科和跨部门的专家团队开展了一项培训和科研合作项目。该项目特别致力于探讨昆明城区的区域规划和环境规划问题。这个项目与苏黎世和昆明开展的友城技术合作项目有着密切联系。由于双方的思维方式和各人的观点都大不相同，因此，我们与当地专家团队举行的最初几轮会议和工作讨论会对双方而言都非常艰难。特别是在探讨如何确定昆明城区的影响范围（即"大昆明地区"）在空间上的边界时，我们明确意识到，每位专家的期

待和观点都千差万别。这些讨论也显示出，昆明的城市规划具有很强的条块分割意识，跨部门的思维方式相对薄弱。

我们最初向昆明的合作伙伴们介绍瑞士的空间规划理念和方法时，往往理论性太强，内容晦涩，令昆明的同行们极其费解。所以，过了一段时间之后，双方才找到了交流中的"共同语言"。接下来的数月里，合作有了明显改善，中国同行们也将新知识成功运用到了昆明城区的一些案例研究之中。

为了在全国范围内和国际上推广双方合作的成果，我们从1998年开始与中国建设部（城乡规划司）开展合作。比如，我们定期邀请中国城市规划专家代表团到瑞士进行技术交流，向他们介绍瑞士空间规划的理论和实践。另一方面，每两至三年左右，我们也在中国共同举办一届国际规划研讨会，就中国的一些具体的空间规划问题展开探讨。瑞士各城市、州和联邦有关部门的空间规划专家也参加了这些研讨会。

在昆明的紧张工作之余，我们与当地的项目伙伴们也建立起了深厚友情。我们经常受邀共进晚餐，菜品总是非常丰盛，包括不计其数的各种中式美味佳肴。每次宴会一般都要上10至15道菜；为了祝愿我们友谊常驻，大家还要喝下大量的本地白酒。喝白酒和频频干杯，也是我们需要慢慢熟悉才能习惯的一件事：首先由主人举杯欢迎在座的客人，然后，马拉松式的干杯就开始了，每人至少要与在场的另外每个人干杯一次。当时，我的中文有限，大概也就会说"你好""谢谢""干杯"这几个词。不过每喝掉一杯，似乎发音也就更流畅一些！

　　1999年到2000年间，我们与昆明的合作伙伴们密切合作，共同完成了大昆明地区的区域规划研究，内容十分丰富全面。在研究中，我们采用地理信息系统（GIS），建立了昆明城区未来各种发展情景的模型。这些模型成为市政府规划部门重要的决策参考，并使人们最终认识到，城市发展建设活动应更多地分散到昆明城市的辐射范围内，而非单纯地集中在昆明市的主城。这样才能减少"摊大饼"式的单中心城市发展对昆明市自然环境带来的负面影响。而这种多中心的城市发展活动应以区域性的轨道交通网络为支撑。这样一来，可以围绕着中小城镇目前既有的或者未来新建的火车站，建设新的紧凑型城镇。

　　同时，我们也对昆明新国际机场的未来选址进行了评估。在上述内容浩繁的区域规划研究中，我们的专业团队为确定昆明新机场的最终选址作出了重大贡献。新机场的地点最后确定在昆明市东北部的嵩明县内。

　　我们与昆明市规划局和规划院通过良好合作取得的成果，被公认为一个"成功范例"。在昆明和中国其他城市乃至东南亚地区举办的多届国际会议上，都对此进行了广泛介绍。昆明方面依照合作成果，对昆明市的中长期城市总体规划进行了相应的修编，其中更加注重多中心组团式的城市发展模式。瑞士联邦外交部发展与合作总司对我们开展的这项培训和科研合作项目极为满意，并批准我们继续开展下一个为期三年的合作阶段（2001—2004 年）。

新领导上任后，总会有新的思路。2003 年正逢昆明市和云南省政府换届，新的领导班子上任后不久，便公开了一份新的城市发展纲要，简称为"一湖四片"规划。这份规划中将昆明定位为中国通往东南亚地区的门户；城市发展将不仅仅局限于昆明的核心城区，而是分散到滇池沿岸的三座新城（呈贡、晋宁和海口），不过这三座新城都位于滇池流域内。这份规划部分性地逆转了我们之前的规划理念，因为我们建议在滇池流域以外的地区进行区域性多中心城市发展。对此，我们和昆明的规划专家们都感到非常失望。其后，双方针对今后的规划工作步骤展开了多轮磋商。最终，我们与省政府和市政府的相关部门达成了一种"折中办法"，尽力对新的规划纲要进行优化，使昆明城区尽可能实现可持续发展。

在接下来的两年里，我们与苏黎世市政府参加友城技术合作的专家们密切合作，针对昆明各个新城的未来空间发展完成了多项案例研究。这些研究成果成为昆明规划人员制订城市发展规划时的基础资料。这样，我们通过严谨细致的工作，将原来昆明市整体发展规划中的重大元素重新纳入了新的规划之中。

通过这项工作，我意识到，中国城市规划中的战略性决策一般来说也是有一定的灵活性的。因此，如果某个结果不符合我们的想法，没有必要情绪激动，而是应当保持冷静，与中方合作伙伴共同开展优化工作。这也正是我们采取的办法。此外，也需要大量敏锐的技巧，才能在与政府领导进行重要会议时，提出适宜而正确的论据。

2006 年，培训和科研合作项目的最后一个阶段开始了。这一阶段的主要目标是，最终完成正在进行的各种项目和培训元素。昆明市规划局和规划院的合作伙伴们，非常希望能将这种成果丰硕的合作继续开展下去，并首次委托我们在培训和科研合作项目之外另提供咨询服务，为《昆明市 2020 年市域城镇体系规划》和《官渡区 2020 年空间发展战略》项目进行咨询。

在这种新的合作模式中，我们更多地感受到了昆明的合作伙伴们掌控项目工作的诉求，而我们在每个项目上能够投入的时间也大幅减少了。尽管如此，我们还是继续开展一些培训元素，并邀请昆明市规划院的专家们到瑞士来访问交流，以研究空间和环境规划中的某些具体方面，并了解瑞士的实践做法。

在多个项目上，我们都有幸向负责审批规划的昆明市规划委员会汇报我们的规划成果。

我们与苏黎世市政府参加友城技术合作的专家们之间的合作，缩减为定期召开协调会议的形式，从而继续保持信息互通，尽量发挥协同效应。

与我们开展的大部分针对城区的项目不同，"沙溪复兴工程"是一个乡村地带的发展项目。沙溪位于云南省西北部大理州境内，拥有丰富的历史文化遗产。我们的苏黎世联邦理工大学地方、区域与国家规划研究所（ORL）团队在所长威利·施密特教授和雅克·菲恩纳博士（项目领导）的带领下，提供了有力支持，使沙溪古镇早在 2002 年便由世界遗产基金会（World Monument Fund，缩写 WMF）纳入了全球 100 处濒危建筑遗产名录。之后，我们成功地从国际上和瑞士的多家基金会筹集了数额不菲的赞助资金，并与瑞士联邦外交部发展与合作总司签订了一项历时多年的合作项目，"沙溪复兴工程"正式启动。该项目旨在保护这一历史悠久的古村落和周边的自然环境，并以可持续发展的方式对其进行更新改造，以便改善当地居民的生活条件。在"沙溪复兴工程"中，我们在历史风貌与文化遗产保护、空间与环境规划、扶贫和区域发展等诸多领域完成了各种丰富的项目。我们与当地政府相关部门开展了堪称典范的合作，并成功实施了许多子项目（古建修复、基础设施建设等），使沙溪最终成为国家级历史文化名镇。

在苏黎世联邦理工大学，科研人员的工作合同有一定的年限规定；另一方面，研究所所长（威利·施密特教授）也即将退休。因此，我们这支在所内负责中国项目的工作团队于2008年创建了苏黎世联邦理工大学的衍生公司——LEP规划

沙溪入选世界遗产基金会 2002 年保护名录的新闻发布会。上图：雅克·菲恩纳博士（左2）和托马斯·瓦格纳博士（右2）与云南省合作伙伴在主席台上；下图前排：威利·施密特教授（右2）、迭哥·萨尔美隆（右1）、维尔纳·斯杜奇(右4)、弗朗茨·艾伯哈特（右5）以及其他参加人员。

咨询公司。公司成立后，继续开展之前在中国进行的各种项目。由于我们在中国拥有广泛的联系，因此，我们在很短的时间内便获得了许多重要的项目，而中国房地产领域的民营企业也成了我们的客户。比如，昆明的一家大型房地产公司计划在滇池岸边的湿地公园中建设一座"瑞士园"，吸引人们前来休闲、观光。2008 年秋，这家公司的董事长陪同当时的昆明市长（张祖林）率领的正式代表团访问瑞士。访问期间，代表团到苏黎世联邦理工大学宏克山（Hönggerberg）校区做客。在学校大楼的露天平台上，我们举办欢迎酒会招待客人。当我被介绍给昆明市长后，站在他身旁的那位房地产公司董事长马上对我说："你们是从事景观规划的？我正好有个项目给你们！"我高兴不已，连忙以惯常的做法与他交换了名片，并承诺在最短时间内提供湿地公园和瑞士园的规划设计报价书。五个月后，在昆明和苏黎世两市市长的见证下，我们就与这家房地产公司签订了合同。随后，由于这个项目十分重大，我们前往中国出差的次数大大增加。我们还组织了中瑞两国在房地产咨询、城市设计和建筑设计、水务工程等领域的其他公司，作为我们的分包公司加入项目之中，共同完成这一错综复杂的任务。这期间，甲方的各种设想和要求即使不是"日新"，也可称为"月异"，我们相当低估了在这种瞬息万变的情况下协调各个专业团队所需要的时间和精力。不仅如此，当地政府有关部门的要求也千变万化，令我们的工作更为困难。确实，有时工作极其艰难棘手，虽然报酬不菲，但我们还是几乎想要放弃。不过，我们并未实际放弃，哪怕是在由于瑞士园的位置再次改变，我们不得不第五次推翻之前的设计、重新从头制订整体概念方案的时候。后来，我从其他房地产公司那里了解到，这种情况毫不稀奇。反之，我们"仅仅"做了五个版本的概念方案，相对

昆明市规划设计研究
院与 LEP 规划咨询公
司 2010 年战略合作签
约仪式。（ 左起：迭
哥·萨尔美隆、托马
斯·瓦格纳博士、刘学、
王学海 ）

来说算是不错了。

在接下来的数年里，我们又获得了政府规划部门和私营
房地产公司委托的其他各种项目合同。通过这些业务，我们
得以更好地了解了政府和私营企业这两类不同的客户，以及
它们各自的需求和特定利益，这令我们能够更高效、更迅速
地进行规划。

2008 年至 2015 年间，我们与昆明市规划院签署了多份
合作协议，从而获得了各种新的项目。这些项目有的是甲方直
接给予我们的委托合同，也有的是政府组织的城市规划方案征
集活动。在这些项目上，我们的主要职责是拟定概念性的理念
和相应的空间发展战略。之后，由我们的中方合作伙伴继续进
行深化，并将规划成果制作成符合中国要求的格式。不过，要
将规划图和文字报告制作成符合中国要求的格式，其实绝非易
事，因为带有瑞士色彩的规划理念并非总能顺畅地包装成相应
的中国格式。

2014 年 9 月，我随苏黎世市长柯琳·茅赫女士率领的苏黎世市政府代表团访问昆明。我们的航班在午后抵达刚刚启用不久的昆明长水国际机场。这座新机场位于昆明主城东北方大约 22 公里处，工程建设只用了五年的时间，于 2013 年投入使用。长水国际机场作为中国五大国家门户枢纽机场之一，预计 2020 年的客流量将达到 4000 万人次，从而有力地推动昆明发挥面向东南亚地区的桥头堡作用。

第二天，我们访问了巫家坝老机场，昆明市规划院院长王学海先生向我们介绍了巫家坝片区的改造规划。老的候机楼将大部分拆除；这片宽阔的地带今后将建设成为一个新的商业和住宅片区，并向人们提供就近休闲的空间。

考察结束之后，我们就在附近搭乘刚刚通车不久的城市轨道交通一号线，前往呈贡新城。这里是昆明市新的市级行政中心所在地。与新机场一样，呈贡新城的建设速度也令人惊叹，规划和建设总共只用了不到十年的时间。最终建设完成后，这里将容纳 100 万居民！

是的，目前昆明城市发展的速度和规模仍像 18 年前我第一次造访这座城市时一样令我叹为观止。我也拭目以待，期待着看到 7 年后当昆明和苏黎世庆祝缔结友好城市 40 周年之时，昆明市又将焕发出怎样的风采！

友好学校的楷模

梁新儒

（北京市二中前校长）

心力交融的成果

2015 年 4 月 17 日，春光明媚，在北京市二中宽敞明亮的活动大厅里，北京二中和瑞士因特拉肯中学建立友好学校关系 30 周年盛大庆典隆重举行。活动中充满了喜悦和激情。30 年的友好交流，充分体现了真诚的共同利益和相互理解与尊重，实属难得和不易。对此，原北京市教育局局长陶西平先生、侯惟诚先生都曾赞誉该两校关系是友好学校关系的楷模。

30 年前，即 1985 年 9 月 29 日，北京二中校长张觉民先生和瑞士因特拉肯中学校长赫尔穆特·莱辛先生在北京共同签署协议，正式建立了两校友好合作关系。当时出席签字仪式的有北京市教育局和瑞士伯尔尼市教育部门领导，以及因特拉肯中学董事会副主席阿尔道·马蒂内利先生、前中国驻瑞士大使馆文化秘书许颖之女士等。出席这次签字仪式的女士们和先生们此后都为两校友好关系的顺利发展付出了极大的心血和努力。他们通过牵线、联络、协商、制定计划和会谈，克服了一个又一个困难，举办了多达数以十计的交流、互访，增加了两校师生的相互了解和友谊。

30 年来，北京二中师生代表团多次应因特拉肯中学邀请访问瑞士，受到特别热情友好的接待。他们对因特拉肯中学教学和学生学习及生活进行了深入的了解，同瑞士人民进行了接触，参观了伯尔尼、日内瓦、洛桑、苏黎世等大城市，和许多学校进行了交流，开展了丰富多彩、令人难以忘怀的活动。

自从建立两校友好关系以来，瑞士因特拉肯中学师生在莱辛校长的带领下，曾多次来华访问北京二中，与二中师生开展了一系列交流和联谊活动，彼此加深了了解，增进了友谊。

1995 年，两校师生在瑞士因特拉肯中学举行了建立友好关系 10 周年庆祝活动。2005 年，在北京二中，两校师生举行了 20 周年庆典。2010 年，在因特拉肯中学又隆重举办了 25 周年庆祝活动。这一系列活动见证了两校友谊的持续发展。

可贵的是，北京二中邀请了因特拉肯中学一位高水平的英语教师在二中任教半年。她与二中英语教师和学生建立了深厚的友谊，为两校英语教学的提升作出了积极贡献。因特拉肯中学的学生们也几次到北京二中随班学习。这加深了瑞士青年学生对中国的了解，深化了两校学生间的友谊。

相互交往活动中，还要特别提到的是两校足球队。两队分别在北京亚运村奥体训练场和东单体育场举行了两场足球比赛。双方在"友谊第一，比赛第二"精神的鼓舞下，认真切磋球技，交流感情。为了鼓舞士气，莱辛校长还亲自上场，参加了百米赛跑。他不顾年高，仍然焕发出青年人的活力，大大地鼓舞了两校的学生。

两校师生间的交流活动，都充满着真诚的友谊，给我们留下了深刻的印象和美好的回忆。30 年的友好合作关系，是两校师生深厚友谊和共同利益的体现，是彼此相互尊重和相互关注的体现。更为深远的重要意义是，体现了相隔千山万水的中瑞两国人民的友谊和相互了解。

令人敬佩的赫尔穆特·莱辛校长

在众多相知的外国友人中，莱辛校长给我留下了极为深刻的印象。他对中瑞两校友好合作关系的建立和持续发展作出了杰出的贡献。

为了寻求友好合作伙伴，他首先对中国的教育和中学进行了详尽的考察，亲自访问了北京、上海等地的中学。在中瑞两国政府、大使馆和教育部门的大力支持下，经多方共同努力，终于选定北京二中，与之签订友好学校协议。

莱辛校长为人耿直，待人热情亲切，工作一丝不苟。他工作计划性极强，往往安排好半年或一年的活动日程，一点不乱，像瑞士钟表一样准确。

为了能使北京二中师生代表团顺利访问瑞士，莱辛校长不仅自己付出了许多时间和财力，而且争取到瑞士 ABB 等大企业的支持。

二中师生们在瑞士活动，都由莱辛校长亲自安排，陪同访问。他们不仅访问了因特拉肯、伯尔尼、苏黎世、日内瓦、洛桑等大城市，还到农村同农民接触，欣赏到瑞士的湖光山色和人文景观。此外，他们还走访了各类学校、体育中心、银行和军营。二中同学们特别感兴趣的是在因特拉肯中学随班听课和交流座谈，收获颇丰。

多少年来，莱辛校长始终如一地热衷于中瑞两国青年学生的友好交往事业，赢得了二中师生的敬重和爱戴。

2000 年 9 月，瑞士联邦主席奥吉访问北京二中，向全校师生发表讲话。

瑞士联邦主席访问二中

在中瑞两校交往的历程中，瑞士联邦主席阿道夫·奥吉阁下对二中的访问无疑是重彩一笔。一位国家元首访问别国的一所普通中学，实属罕见。

2000 年 9 月 13 日，北京二中像过节一样隆重地接待奥吉联邦主席来访。全校师生喜气洋洋。巨大的横幅"热烈欢迎瑞士联邦主席阿道夫·奥吉阁下莅临北京二中"悬挂在大会主席台的上方，十分醒目。奥吉主席发表了热情友好的讲话，盛赞两校友好关系富有成效。他饶有兴趣地观看了全体学生的课间操表演。同学们整齐的操练得到他的赞赏和鼓励。

奥吉主席访问二中，是两校关系史上的一座高峰，大大促进了两校友好关系的进一步发展，也给我们留下极为深刻的印象和美好的回忆。

瑞士友好人士伊丽莎白·马蒂内利女士

　　每有二中师生访问瑞士，伊丽莎白都忙前忙后，热情友好接待。这几乎成为访问团活动的固定节目。

　　中国师生们在她那阳光明媚、绿草茵茵、鲜花盛开的庭院里做客，充满欢笑，好像在自己家里一样。

　　伊丽莎白夫妇付出巨大努力和心血，积极参与接待二中师生。他们不仅热情友好地安排食宿，而且经常亲自驾车协助莱辛校长开展各项活动。

　　有位中国学生骑自行车不慎摔倒，腿部受伤，鲜血直流。伊丽莎白亲自为其疗伤，细心照顾，直至痊愈。这位同学深受感动，体会到了家庭的温暖。

　　从伊丽莎白身上，我们深深地感受到瑞士人民对中国的友好。这正是两校友好关系持续 30 年的原因之一。

　　我衷心地祝愿两校友谊历久弥新，祝愿中瑞两国人民友谊长存！

忆　篇

中国忆事

周铎勉

（瑞士前驻华大使）

可以说，我的生活与中国密不可分已经 60 年了。28 岁那年，我作为年轻外交官被派往北京，从而开始了职业生涯。但在这之前，中国早已在我的脑海中占据一席之地。自 10 岁起，我便开始关注这个国家，当时我几乎对其一无所知，我和我家族的任何成员也从未踏入这片土地。那么，我小时候这种兴趣从何而来呢？到目前为止这都是个谜，但命运却安排我在中国生活了 16 载有余。那么中国符合我儿时的幻想吗？肯定不是。彼时我想象的中国是曹雪芹在《红楼梦》中叙述的模样，且不说当时我所读的英文版本与原著原意相隔甚远。我后来认识的中国与《红楼梦》中的描述没有任何可比性，就如同今天的瑞士不再是小说《海蒂》中描述的瑞士一样。

那么，1974 年我第一次接触的中国是什么样的呢？之后，1984 年我第二次居留时的中国有何变化？而 2004 年我离开北京前往印度上任时的中国又是怎样的境况呢？回答这样的难题并不容易。中国在此期间经历了世界上其他地区无法比拟的翻天覆地的变化。同时，国际局势风云变幻，中国身处其中。想当初抵达中国的时候，并非只有我一人认为我的整个一生都会伴随两个"超级大国"（美国和苏联）的对峙，而且这一生都会见证以中国和印度为代表的贫穷的第三世界的存在。我们都忽略了一点：历史可不会停滞不前。有谁当时会想到 30 年后苏联会解体、中国成为经济大国以及当今世界贸易与思想层面的交流背景下各国之间相互依存度不断加深的趋势？

抵京首日

1974年，我的第一份工作便是被派驻北京。那时中国对于年轻的我还相当神秘，当时是"文化大革命"的最后几年。在欧洲，人们对中国知之甚少，前来中国游览的欧洲人更是凤毛麟角。因此，对于我而言，旅居中国如同开发新大陆。

我对在北京的第一天工作还记忆犹新。我于前一天晚上乘坐法国航空公司的航班抵京——当时瑞士航空公司尚未与中国开通直航，抵达后入住新侨饭店，该饭店是当时北京三四所接待外国人的饭店之一。瑞士使馆位于离天安门广场不远的一栋中国传统建筑里。翌日凌晨，同事来饭店接我，之后参观使馆并向我一一介绍了同事及员工。当天，我领到了我国政府预支给我的工资200元——装在袋子里的一沓当时最大面值的10元人民币。这些钱相当于当时一个北京居民半年的平均工资。

1975年五一劳动节，周铎勉先生（二排左1）在北京中山公园和中国百姓下象棋。

晚上，我离开使馆，步入一条灰色砖墙建筑围绕的小街，走着走着迷路了。我继续往北走，五分钟后我发现我错了，于是找到附近的一家派出所。工作人员听懂了我的中文，而我却不知其回答为何意。之后，一名警察领我到附近的公交车站，并告诉了售票员我的目的地。正值下班高峰，公交车上人比较多，但他们都争先恐后给我让座。接下来问题来了，得付钱：一角钱。而我当时只有 10 元面值的纸币，我感到许多目光在我手头这一小袋子钱上聚焦。我拿了一张 10 元给售票员，她先找给我 1 元，然后艰难地开辟出一条通道前往车头的钱箱找回余下的钱。我当时确实非常尴尬。此次经历后过了很久，我才再次乘坐公交车。

当时在北京，外国使团人员的生活并不容易。物质上我们并无所缺，然而与自己国内的联系非常艰难。那时的中国政治环境复杂，而这并不利于外交关系的发展。不过，在之后的四年中，我见证了中国现代史上一些最具标志性的事件，尤其是在 1976 年。

1976 年

这一年，首先是中国总理周恩来去世，接下来便是 4 月 5 日在天安门广场爆发的反对"四人帮"的运动以及朱德委员长逝世。7 月份发生的唐山大地震更是让举国上下陷入一片悲痛之中。最后，毛泽东主席于 9 月份逝世。之后一个月，我们得知"四人帮"被逮捕的消息。尽管当时的中国与现在的中国在国际社会的地位不可同日而语，然而，包括瑞士在内的外国政府都意识到其在国际社会的重要性以及这些事件对于这个国家未来的深远影响。在此背景下，全世界的目光都转向这个国家，显然，驻北京的外交官们在与其本国政府的沟通中扮演着重要角色。

"四人帮"被打倒后的几周内，上述一系列事件的影响便初见端倪。变化之迅猛我们可以在文化领域（包括电视节目、媒体报道）以及与当局的接触中感受得到。接下来，中国政府推出了最初的一些改革措施，教育层面尤其明显。我们感觉到中国将奋发进入一个新的时代。我们同时感受到中国了解世界的迫切需求，其对中断联系长达 30 年之久的欧洲与美国尤为关注。于是，中国代表团与瑞士的交流频繁起来，令我印象深刻的是 1979 年在瑞士陪同当时的四川省委书记赵紫阳先生一行。

第二次居留（1984—1988 年）

我国外交部并没有将一名外交官多次派往同一国家的惯例，但是由于之前部里给我安排了一年的汉语强化训练，因此我的大部分职业生涯在中国度过也在情理之中。1984 年，外交部第二次将我派往北京，担任使馆参赞一职。

这时候离毛泽东主席去世已经八年了，邓小平启动改革开放政策也已有六年。我知道在这段时间内中国发生了许多变化。1980 年，我在北京曾有短暂的度假居留，期间我已感受到一些领域的新貌。但是 1984 年，中国在我看来已经完全焕然一新了。不论是城市还是农村，中国经济快速发展。由于对外招商引资，许多现代化的饭店也得以出现。私营餐馆也随处可见，私人手工业发展也欣欣向荣。农村经济改革使得农民们可以直接将其产品销售至自由市场，我们于是可以在街上直接购买农民们的蔬菜，之前国营商店前长长的队伍消失了。同时，他们销售的产品也越来越多样，我们可以找到之前不为人知的蔬菜，比如西兰花。旅游领域，中国政府也为吸引外国游客做足了努力，很快中国便成为外国游客在亚洲的主要的目的地之一。甚至人们穿的服装都变了：西装取代蓝色的中山装（欧洲人还误称之为"毛装"），开始成为时尚。

人文交流

这时期，中国与外界各个层面的联系开始建立。这使得数十载断绝来往的家庭成员得以重聚。在这方面，我对一个故事记忆犹新。

1985年，我参观了在地坛公园举行的第一届庙会，之后接受了采访。一位温州市民在看到节目后写信给我，说他有一个兄弟于1948年移民瑞士，之后便杳无音讯。在给我写信之前的两周，他第一次收到了其兄弟的信件，此事毫无疑问让全家人颇为激动。当时他立刻回了信件，但是再没有收到任何答复。难道这封信仅仅是场闹剧？于是我与苏黎世市政府取得联系，他们通知我他的兄弟刚刚入院治疗。于是，我给了这个温州家庭医院的地址。然而，他们还是没有收到回复。

9个月后，苏黎世托管部门写信给我，告知其兄弟已逝世，遗留物品中有一封致大使馆的信件。那么，大使馆可以联系逝者家人处理遗产事宜吗？这里存在一个法律层面的问题，于是分歧出现了：其兄弟在瑞士逝世，遗产问题的处理理应遵守瑞士法律。然而这个温州家庭却不明白，在逝者在瑞士举目无亲的情况下，为何还由瑞士法律来处理一桩仅涉及几个中国人的遗产事件。不过，最终中国朋友期待已久的行政程序得以履行完毕，逝者的遗产及纪念物品顺利转至温州的家人手中。

我想，当时还有多少阔别多年而未重逢的家庭啊？我为能够帮他们建立联系感到非常开心，尽管有时候这种联系姗姗来迟。

音乐的重要性

音乐对于有些人来说仅仅是一种听觉层面的消遣。而在古代中国，音乐是一种让灵魂与天地万物和谐为一的重要手段。对于中国文人来说，音乐的熏陶以对古琴的热衷开始，这一乐器的历史可追溯至大约 3000 年前。我接下来要讲述的是，音乐可以在人与人的交流中起到重要作用。

1985 年，我结识了古琴大师李祥霆先生。我对古琴痴迷已久，并且有意拜师学习。三年间，我每月两次前往李祥霆老师在中央音乐学院的家里学习这门乐器。一天，李老师告诉我，他妻子一个伯伯的一个兄弟于 30 年代移民法国，后来又辗转到瑞士，随后与一位瑞士女士结婚并定居于弗里堡市。

1996 年，时任瑞士驻华公使周铎勉学习弹古琴。

碰巧，我的童年是在该市度过的。我立刻告诉李老师我认识这位先生，但是他几年前就离开了人世。这实在是太巧合了。之后，我即刻写信给他的妻子，他妻子为能够与他去世的丈夫的中国家人取得联系而无比高兴。之后她到过中国两次。尽管存在语言障碍，她依旧与她的中国家人保持着通信往来。我对此特别高兴，因为我对中国音乐的兴趣不仅满足了我的审美需求，而且帮助了饱受历史考验、天各一方的两家人重新建立起联系。

还是在人文交流领域，这个时期，中国昆明市与瑞士苏黎世市于 1983 年结为姊妹城市，当时的苏黎世市市长是托马斯·瓦格纳（Thomas Wagner）先生。此次结谊的重大意义影响至今。同时，北京市二中与因特拉肯（Interlaken）中学结为姊妹中学，这在瑞士方面要归功于赫尔穆特·莱辛（Helmut Reichen）先生的不懈努力。我有幸参与了这两件大事，但是除此之外，中瑞之间还有其他类似的有利于增进两国相互了解的举措。

文化交流

我这些年在使馆主要负责文化交流，因此有幸组织了多次展览。其间，一次瑞士当代陶瓷展激起了中国该领域专家们的浓厚兴趣，他们当时渴望了解欧洲这门艺术的发展情况。同时，我们启动的"瑞士电影周"也向中国公众展示了瑞士文化鲜为外界所知的方面。我个人认为，瑞士电影通常向人展示了瑞士人的一个通性：瑞士人不喜欢说起话来没有实质内容，他们不推崇仅为了娱乐大众而毫无内涵意义的电影制作。这一点让我的一位中国朋友倍感失望，他认为我们播放的电影与宣传布道没有什么两样！我们真的选择失误了吗？

主管文化的外交官的特权之一便是可以结识许多艺术家及文化领域的名人。我有幸与著名剧作家吴祖光及其妻子、著名评剧演员新凤霞女士多次会面。与此同时，我还多次在与中央音乐学院的交流过程中见到其兄弟吴祖强先生（著名作曲家）。我还有着许多记忆深刻的会面，比如说与著名乐队指挥李德伦先生（他在培养中国年轻音乐家方面成就卓著），他一边开玩笑一边抱怨须指导年轻人"充满升降音"的作品，因为当时这些年轻的作曲家们开始从西方当代音乐中吸取灵感而日益摆脱中国音乐学校里固有的传统教学模式。

第三次居留（1995—2004 年）

　　1995 年，我被外交部第三次派往中国任职。当时瑞士驻华大使是乌利·希克（Uli Sigg）先生，他因 1980 年与中国方面签署了在华成立第一家引进西方资本的合资企业的协议而声望颇高。虽然他并非职业外交官，当时我们的外交部长看

2003 年 11 月 6 日，瑞士联邦前主席奥吉访问北京二中，周铎勉大使（右3）等陪同。

重他对中国经济领域的了解，委派他前来推动瑞士与中国的经济合作。大使同时还对中国当代艺术有着极其独到的见解。在三年半的任期内，他非常关注中国当代艺术的发展，并极大地推动了中国当代艺术在欧洲的传播。

我在这次返回中国前不久才结婚，妻子来自日本。我觉得我因她又与亚洲近了一步。她因为不懂这个国家的语言有时感到有些茫然，虽然从外形上她又很容易被视为中国人。有时在餐馆，服务员拿着菜单走过来直接向其介绍菜品，而我妻子却保持沉默。这种情况让她感到特别尴尬。当时服务员转向我，并问我妻子是否为聋哑残障人士。我们都觉得这很可笑，但这也激励了我妻子，她开始学习中文。

1995 年回到中国之时，我以为我了解中国。但接下来的时间里所遇到的诸多惊人的事情，让我再次改变了对中国的看法。七年前我离开了北京，这次再次归来，如同 1984 年一样，我感到我已经生活在一个全新的国度里。

惊讶不已

我所感到吃惊的事情之一发生在我抵达之后的两三周。我和妻子受中国朋友之邀前往北京城南的一家时尚新餐馆就餐。在到达餐馆附近的时候，我惊奇地发现路旁停着很长队伍的小车。我们还以为是在欧洲，这一幕对于我而言是全新的。我们就餐的餐馆的建筑风格在 80 年代肯定是不为人知的。顾客们自由选择诸如肉、鱼和蔬菜等种类繁多的菜肴以让餐馆准备，随后他们支付餐馆厨师相关费用。我问我的朋友们这些小车都归谁所有——要知道我上次居留时，私家车还实属罕见。这些车真的可能归个人所有吗？我得到的确切的回答表明，中国经济在这几年间发生了多大的进步啊！

这一发现在几周后得以再次确认。我们使馆的厨师需要准备一场招待会，他像平常一样请求邻家使馆的厨师帮忙，而这个厨师居然也是开私家车前来我们使馆的！一个厨师都开自己的车上班，这种情况在 80 年代怎么可能呢？这也有力地证明中国确实变了。

中国面貌焕然一新

1995 年，我们可以观察到中国的自由化政策成效已经显现。在这方面，看看我们的中国朋友们的住房就够了：它们越来越像欧式住房，木质天花板，配有现代厨房以及精致的家具。与我 10 年前看到的比较，对比相当明显。

不管在城市还是乡村，整个中国的新气象很快就处处可见。自行车流被汽车流替代，随之而来的还有不可避免的空气污染以及交通堵塞等问题。在此背景下，上海开始飞速发展并且很快就成为国际化的大都市。然而，我却为一些历史悠久的城市感到惋惜，比如北京，这里的文化遗产并没有得到很好的保护。

1999 年，瑞士新任驻华大使周铎勉向江泽民主席呈递国书。

要知道，那些被摧毁的东西永远都不可能修复。欧洲也曾经历快速的现代化而导致了许多毫无意义的破坏，这方面的教训中国本应引以为戒。

1999 年 1 月，我被任命为大使。事实上，指派一位已在职而且职位相对较低的外交官为大使的情况比较少见。我的语言水平以及在中国的经历显然是这次任命的主要原因。之后，两国关系在各个层面快速发展，尤其是经济领域，同时，双方领导人的互访逐渐频繁。1999 年 3 月，江泽民主席访问瑞士，这是中国国家元首首次对瑞士进行国事访问。2000 年 9 月 14 日，瑞士联邦主席阿道夫·奥吉（Adolf Ogi）访问中国，以庆祝瑞中正式建交 50 周年。

春晚献艺

驻华大使的工作繁重、全面，有时甚至是强制性的，这一点我无须强调。然而，偶尔也有没那么正式而且轻松有趣的时候。有一次，我被中国一家电视台邀请录节目，我带上几个同事前往参加，背景与过程如下所述。

众所周知，春节晚会对于中国的电视台非常重要。通常，歌星尤其是女歌星占据着荧屏的大多数时间，而且各个电视台之间为能吸引最流行的艺术工作者而展开激烈的竞争。2002年，北京电视台别出心裁地邀请了一批不是那么流行的嘉宾：驻华大使。

制作人员优先选择了懂中文的人。因此，他们找到了我，一起参加节目的还有我的俄罗斯以及波兰同行。他们要我们用毛笔写几个汉字、唱首歌或者弹弹乐器。因为歌唱得一般，我自荐尝试弹弹我之前学过的古琴。他们对我的提议表示赞赏，并试着录了一段。

节目的第一场，工作人员录制了大使们的书法秀。录制面向公众。他们递给我们毛笔，我们根据自己的喜好与水平开始写。我选择了中国书法家普遍熟知的经典古书《千字文》中的四个字。随后主持人打破沉默，要求每位嘉宾解释他们所写的内容。我对她说：我写的是《千字文》里的一句话。"千什么？""千字文。""什么？"我开始怀疑我的中文了。我的发音难道真的如此差劲？我意识到，事实上不是我的语言水平有问题，而是主持人的知识面有待扩展——她会讲，妆容也得体，但是文学素养有待提高。

后来，轮到录制我的小段古琴演奏了。那天，我走进录制大厅，看到二十来位身着青花瓷服装、头系纸花的年轻姑娘在等着我。我好奇地走上舞台，坐在我的乐器旁边，那些姑娘随即聚拢到我身后，音乐开始了。

这段录制的节目最终播出，但工作人员配备的伴奏几乎掩盖了我的音乐，而那些年轻的舞者则在舞台深处翩翩起舞。我

周铎勉大使（左1）在
瑞士驻华使馆举行宴
会，中国前驻瑞士使
馆政务参赞王庆忠（右
2）应邀出席。

真的觉得音乐效果非常一般，但节目看上去效果还不错：不仅
我的许多中国朋友新年期间观看了，我之后还被告知说电视台
收到了许多封观众的来信，他们对在这么一个通常仅仅专注时
下流行文化的节目中加入中国传统元素之举表示欣赏。尽管我
对自己的古琴表演不甚满意，但至少我对能够通过文化的形式
与数千万的中国电视观众直接沟通感到些许自豪。

　　显然，短短的几页不足以描述 16 年的中国生活给我留下
的回忆。于我而言，记忆中最为深刻的，是这些年来我与各个
阶层中国人之间的接触与交流，他们成了我的朋友。而我唯一
的遗憾，是不得不因时空距离而与他们分开。我们可以经受空
间和距离的考验，但是，人人皆知，面对时间，我们能做的，
仅是彼此挂念。

凡人小事总难忘

李端本

（中国前驻瑞士苏黎世总领事）

65年前，瑞士政府力排众议，毅然决定先于许多西方大国承认刚刚成立的新中国，并很快建立外交关系，开创了中瑞关系的新时代。作为一个欧洲小国，瑞士这种高瞻远瞩的外交胆略在国际上博得了广泛赞誉。我那时正在小学读书，对瑞士此举钦佩不已，从此牢牢记住了这个国家的名字。

但我做梦也没想到的是，后来竟然有幸两度到瑞士工作，前后达8年有余。在这一生中最值得回忆的美好岁月里，我经历了很多故事，学到了很多东西，留下了很多难忘的记忆。

李端本夫妇1983年国庆节在中国驻瑞士使馆前留影。

回眸往昔，发现一些工作上的事务仿佛更容易被飞逝的时光所冲淡，而那些生活中反复出现的凡人小事，却在不断凝聚起来，逐渐升华为浓浓的瑞士情结，使人常常触景生情，随时会激活一幅幅温馨的旧时画面。让我尤感高兴的是，正是通过对这些凡人小事的长期体验和观察，我越来越清楚地确认：瑞士当年承认新中国的英明外交决策，既彰显了政府的高超智慧，更体现了广大瑞士人民对外和平友好的心愿。这让我更坚定地相信，深深植根于人民友好这一沃土之中的中瑞友谊之树必将枝繁叶茂，万古长青。

"瑞士好人"

人外出时往往需要问路，若在异国他乡，就更在所难免。细想起来，我在所到过的瑞士城市中，几乎都有问路的经历。而越是曾经打听过的地方，留下的印象越深刻。问路虽如此司空见惯，可我从未遭遇过冷漠和拒绝。相反，你若在某个路口稍显犹豫彷徨或四处张望，说不定马上就会有人主动向你走来，很客气地问你是否需要什么帮助。有位第一次出国的司机师傅曾感慨地说，到处都能遇到"瑞士好人"。

对于心地善良、乐于助人的"瑞士好人"来说，耐心而详尽地给人指点迷津只不过是最起码的义务，一旦需要，他们常常会毫不迟疑地把这种善举进行到底，不做到极致绝不罢休：你有地图，他们会帮你详细标出路线；你没带地图，只要他们有，就会拿出来标好路线送给你；如果你要走的路线太复杂，三言两语难说清楚，他们会提议坐到你的车上来指路；你没开车，他们会主动请你搭他们的车，送你前往；若双方都有车，他们会开车在前慢慢带路；要是他们也不认识你去的地方，还可能转而代你就近向过路的行人求助……总之，为了帮你解决难题，他们会想方设法，不遗余力。

上述问路的某些场景，我和周围同事都曾有过多次亲身经历，或在城市，或在乡村；或在冬夏，或在春秋；给你指路者，或男或女，或老或少。每逢此时，我都会对那些友善热情的"瑞士好人"油然心生敬意，除了衷心感谢他们耐心指引之外，更感激他们的善举给我带来的那种美妙感受：原来问路也可以变成一种"享受"！试想：一个国家，举国上下助人为乐蔚然成风，把最平常的问路行为，悄悄变成一幅幅优美动人的人文景观，使问路者消除困惑，指路者乐此不疲，问者满意，答者快乐。此情此景，你能置身其中，且亲获其利，难道不是一种独特的享受吗？

顾客真是上帝

上世纪 80 年代在驻伯尔尼使馆工作期间，由于主管办公室工作，我与瑞士的一些商店和服务行业打交道甚多，其从业人员的诚实守信、服务至上的经商之道，常常让人感佩不已。他们力求以上乘产品和优质服务征服顾客，真心实意地把顾客当作上帝对待。其中的故事俯拾皆是，现仅举几例略述如下。

故事一：诚实的玻璃店主

一次，在伯尔尼一家玻璃商店为一批供展览会使用的镜框配玻璃时，由于书写习惯的差异，我们给出的尺寸数据被店方误解，致使近百块已切割好的玻璃无法使用。我心情忐忑地去找店老板协商解决办法。老板听完原委，二话没说就一口答应马上重新配制，保证不误工期，还主动承担责任，不再加收任何费用。他同时坦言，这些玻璃板对顾客来说已是无用的废品，而店方则可用来制作其他尺寸更小的产品。面对如此诚实的老板，谁会拒绝成为他的忠实客户呢？

故事二：急人之困的修理行

当年，彩色电视机还是一种稀罕物。有一天，使馆公用的唯一一台彩电突发故障，紧急送到修理行后，被告知收活太多，需等数日方可。在我们一再请求下，老板打开机壳检查，发现并无大碍，只是一个小零件坏了。他立即告诉我们送修的师傅，可到该行的报废电视机库房里去找相应零件，自己拆下来换上即可。就这样，没花一分钱修好了电视机。这位师傅后来逢人便说：这样的商店才真正是急人之困，而不是趁火打劫。

故事三：睿智的手表厂

30多年前，手表在中国尚属高档进口消费品，是出国人员允许带回的"免税大件"，因此，不少从瑞士过境的人常常求使馆代修手表。表厂为了保持在中国市场的地位，一般也愿意承担必要的返修业务。他们对维修工作极为认真，不论大小毛病，总能妙手回春。很多厂家一再表示对中国怀有特殊感情，不忘恰在他们面对一片萧条的世界钟表市场而一筹莫展之时，是改革开放的中国用大批订单解救了他们，使他们免遭破产之灾。

记得有一回，一位多年前的使馆工作人员转来了一块早已绝版的名牌手表求助，我抱着试试看的态度送给了生产厂家，请其酌处。未承想，没过几天就收到了回信，称此表已无法修理，厂方决定征用为厂史展览文物，并随函寄送一块档次相当的新款手表作为答谢。如此圆满的结果自然令手表的主人喜出

望外，知情者也无不对表厂的睿智之举深表叹服，称赞这恰恰彰显了瑞士钟表文化中顾客至上的深邃内涵。

故事四：帮助顾客省钱

大约在1986年，我驻伯尔尼使馆拟实施两项内部维修工程，一是两侧连接山坡上下两栋建筑的小路年久失修，台阶损毁严重，亟待翻修；二是旧楼水、电管线老化，必须更换。但国内批准的经费有限，初步估算，执行起来颇有难度。后经多方询价，货比三家，分别选中了两家公司，与其反复协商，精打细算，确定了理想的施工方案，最后如期完成任务，既保证了质量，还结余了经费。使馆及部派的四人维修小组受到表扬，而维修组的师傅们却说，最该表扬的应该是瑞士的两家施工单位，是他们替咱们省了钱。

事情的确如此。负责修路的一家建材公司现场勘察后表示，他们有现成的大理石、花岗岩等高档板材，但并不适合使馆的陡坡露天路面，唯有碎鹅卵石面的水泥预制板才能防滑、防冻，既坚固又安全。仅此一项建议就节省了一大笔费用。更换电路工程的主要开支是人工成本，承包工程的一家电料行发现使馆维修组的两位电工师傅技术水平不错，就主动提出了对我方完全有利的方案：中方施工，瑞方供料并予免费咨询，连造价颇贵的核心配电盘的组装也以中方为主。这样一来，又省下了不少钱。四位工人师傅完成任务回国前表示，瑞士公司首先考虑的不是自己如何多赚钱，而是如何为顾客多省钱，你不能不佩服。

故事五：拒收礼品的官员

1982年圣诞节前，使馆按惯例派人走访一些相关单位，馈赠一点小礼品，感谢一年来对方的友好合作。在伯尔尼市交通局负责颁发汽车驾照的专家处，我们受到主管官员的热情接待。但当我们拿出备好的几件小礼品后，对方马上从中挑出了几本挂历放在桌上，而将其余的几件中国烟酒茶等原封不动地还给了我们，并十分抱歉地说，他们单位严禁收礼，不然的话，便根本无法保证交通执照的严肃性和合法性，整个交通安全也就无从谈起。他表示将会把挂历分给几位同事挂在办公室内，以表达对中国使馆的感谢。

第一次遭遇"送礼难"的我们，此时此刻难免有些愕然，除了由衷地表示完全理解外，充满内心的唯有无比的敬意。

友城公投见民心

在我第一次到瑞士工作的1982年，中国昆明市与瑞士苏黎世市缔结了友好城市关系，两市之间的文化交流和人员往来随之日渐频繁，大大推动了两地人民的相互了解和各个领域的实质性合作。当我 1998 年再赴苏黎世就任总领事时,双方在城市供排水、交通及城市总体规划、电力供应、旧城改造和文物保护、医疗和教育交流等方面的合作已颇具规模,成为中国对外友好城市的成功范例之一,对中瑞两国整体关系的发展也发挥着积极的促进作用。

但与此同时,我也觉察到逐渐有质疑和责难之声见诸报端,甚至在市议会也引起了激烈争论。至 2000 年 8 月,部分友城的"反对派"发起了于当年 11 月 26 日举行的全市公民投票。

其实,这场风波的实质是苏黎世政界内部的党派斗争,"反对派"拿友城关系说事并发起公投,是完全选错了对象。他们的主要论点如"友城是单行线"、"浪费纳税人的税款"等,都是根本站不住脚的,既不符合友城合作项目互利互惠的一系列事实,又违背了瑞士人民友善好客、崇尚外交服务的传统,自然遭到各界人士的批驳。市政府官员、议会党派、社会团体、经济机构和广大市民纷纷站出来表态,一致对友城关系表示声援,反对把好端端的友城关系滥用为党派斗争的筹码。不少人

2000 年 4 月 5 日,苏黎世市长埃斯特曼和副市长瓦格纳(右 1)到总领馆做客。

给我总领馆写信、打电话，坦言为某些人竟然企图拒绝昆明人民伸出的友谊之手而感到羞耻。"反对派"阵营慢慢发生分化，许多人表示原本并不反对友城。三个多月的较量使"友城派"的声势一天天壮大，最终于 11 月 26 日大获全胜，赢得了接近 65% 的罕见高票。在双方共同努力下，昆苏友城关系经受住了一场严峻考验。

如今再次回忆起 15 年前的友城公投，昔日的一幕幕情景仍历历在目。那些纵横捭阖、辛勤操劳的市政府各级官员和议会议员，那些高瞻远瞩的经济金融界巨头，以及那些仗义执言的社会团体人士，他们的身影一个个浮现在我眼前。与他们一起出现的，当然还有为数更多的"瑞士好人"，那些素不相识的街头指路人、诚信的商店员工、智慧的工厂经理和无数从未谋面的"友城派"朋友，他们来自基层，最能代表民意，是对外友好合作最坚实可靠的基础，是友城关系的天然支持者。

在此，请允许我对上述所有朋友致以亲切问候，衷心感谢你们当年的慷慨支持和卓有成效的合作。诚然，我的同事已换了一茬又一茬，你们的岗位也更新了一代又一代，然而，我们和你们的共同目标却永远不会改变，那就是悉心呵护中瑞友谊之花永远灿烂绽放！

生命中的喜悦和体验

——1972—1974 年作为语言专家在北京的经历

鲍爱乐　鲍　越

（瑞士社会学家）

王　锦译

　　漆黑的夜晚，苍白的月色。十字路口那几盏发出昏暗灯光的路灯下，几位农民围坐在一起，打着扑克牌。我们在中国的首都并没有看到很多东西。作为为数不多的旅客，我们于 21 点左右降落在首都机场——此前必须在上海转机，因为首都机场无法起降大型飞机。这是 1972 年 6 月 27 日。

为期两年的旅行结婚

　　几周之前，我们刚刚结束了在德国布赖斯高的弗里堡大学社会、国民经济和政治专业的学习。从伯尔尼的中国驻瑞士大使馆获得签证，并购买了两张前往北京的单程机票后，我们于行前 4 天举行了婚礼，并和家人们告别。三天后，我们经巴黎、雅典、开罗、仰光抵达上海。中国和西欧国家之间当时还没有直航的航班，西欧国家每周也只有两趟航班飞往中国。飞机上只有几位外交官。商务人员一般经香港飞往中国内地。那时前往中国的游客很少。

　　1972 年的世界仍处于混乱中。在雅典机场可以看到希腊军政府的士兵荷枪而立；在开罗机场，坦克环绕在飞机周围；在仰光，我们第一次被允许走下飞机，机场的临时木板房几乎无法遮风挡雨。中国也是一片混乱，"文化大革命"尚未结束。

我们能在日常生活中感受到这些，尽管当时的人们对我们外国人展示的是一个完美的社会主义国家。

"文化大革命"前到中国的语言专家主要来自东德，中国的科学家和大学生大多也在东德积攒他们的国外经验。50年代末期，来自东欧社会主义国家的技术人员撤回去了；再后来，"文革"的开始也影响到大多数语言专家，只有少数几位得以在"文革"中"越冬"。之后，西方资本主义国家的专家也来到中国。我们就是在这个发展阶段中第一批抵达北京的、来自西方资本主义国家的人员。

没有偏见，但有一点天真

我们当时对中国有一点了解，部分是关于中国的历史——在大学里，我们写过有关清朝末期中国社会状况的论文——以及社会革命，还有一些关于文学和文化，几乎没有研究风俗和常识。在西方国家，一方面流传着诸如"蓝蚂蚁""红宝书"的口头禅，另一方面，理想化的报告里是关于"大跃进"以来的经济增长、"自力更生建设社会主义"，或者通过"文化大革命"走向一个更美好的社会。我们还从毛泽东的小红书里知道，革命不是请客吃饭，不是绘画绣花。

我们被邀请来到中国，在中国教授我们的母语——德语，对中国的德语专业人士的翻译文章进行修改、润色，使其精益求精。这些日常生活令我们着迷，并让我们意识到我们必须要学的东西。可惜，我们的中文停滞不前。教我们中文的黄老师很有耐心。他对于那些来自世界各地的"不遵守纪律"的学生几乎绝望了。这些学生在紧张地工作了一天之后，只能靠幽默翻越中文的高山了。当我们成功地学完第一本书，能够流利地阅读后，最好的学生已能磕磕绊绊地朗读第二本书的文章了。第二本书只有中文课文，文章下面不再有拉丁式的汉语拼音。黄老师当然只读上面的文章，不理解我们为什么弄不懂："同志们，上周……"但我们手中拿的还是上一本书。

我们在《北京周报》和北京大学工作。人们都愿意从我们这里提高他们的德语水平。所有的外国专家都居住在友谊宾馆（该宾馆由苏联建筑师为苏联专家建造），我们在那里说英语和法语。

我们的中国同事很友好，也很乐于助人，但是太拘谨。因为一方面领导从政治角度考虑，不希望看到他们和外国人有太深的关系，另一方面我们当时在北京算是凤毛麟角的外国人。这里相比瑞士，完全是另一个世界。除此之外，在"文革"期间，发表口头言论是要很小心的。人们在这段时期的不当言论与处世方法经常被严厉地批评或遭受处罚。尽管如此，我们的同事还是很想多了解我们的。

欧洲人和中国人逐渐地相互信任起来。尤其因为我们不属于任何团体，既不相信世界革命，也不怀疑中国走社会主义道路。我们和当时的同事们确实产生了友谊，并一直延续至今。我们在瑞士的家中欢迎过许多当年的老同事们。每次去北京的时候，也一再受到他们的热情接待。对此，我们深感庆幸。

去中国之前，我们对将要进行的工作所知甚少。我们问到工资待遇时，中国驻瑞士使馆的外交官告诉我们："够用"。我们接受了。事实也确实如此。我们在《北京周报》的办公室和北大体验了几天后，可以选择在哪里工作。爱乐倾向于去北大，鲍越因为在瑞士有在编辑部工作的经验，他选择去《北京周报》。我们当时没有意识到，但是间接地感觉到，同事们很不习惯的是我们这么年轻——爱乐 24 岁，鲍越 26 岁——就作为"专家"受到大家的尊重。对此我们一无所知，无拘无束。

北大

爱乐教授大三学生德语，他们之前已经学习过两年德语了。她帮助起草教案，回答讲师们的提问，每周作一个关于西德和瑞士社会、经济、文学、地理、历史和日常生活的报告。所有的听众都很感兴趣，听报告时聚精会神。但是对爱乐来说，几乎没有什么可供利用的资料。她必须凭借在学校和大学里获得的基本常识来讲课。当时还没有互联网。德语的杂志如果能送达的话，也是延迟很久才到。图书馆仍然关闭。有人找到了系里的钥匙，可以打开顶楼的门，那里有许多沾满灰尘的外文书籍。

大三的二三十名大学生非常勤奋、好学，干劲十足。但是

所谓的工农兵大学生们来自工厂、人民公社或者军队，他们的水平参差不齐，大多数没有上过什么学，因此尽管非常努力，仍要花费很大的力气学习德语。另外一部分学生在很短的时间内掌握了大量的词汇，很快就可以流利地讲德语了。

北京周报

鲍越在《北京周报》的德语部工作。德文版《北京周报》是对德语区国家公开发行的周报，鲍越负责改正文章中的错误。中国的同志们——当时的称呼，人们也这样称呼我们——把关于外交、内政、科技和艺术的文章翻译成德文。鲍越的参考文章是英文的。他不懂中文，英文文章是标准文章，而《北京周报》的领导会英文，这样就保证文章的内容不会有严重的错误。还因为根据以前的经验，不这样做，有可能产生破坏性的后果。

只有当鲍越认为英文文章中的句子没有意义时，他才会仔细研究中文原稿。例如有一篇文章中提到，北京每天产生"二千七百万吨"垃圾。鲍越认为，这意味着平均每个北京居民每天产生 3 吨垃圾。他和同事计算，运送这些垃圾至少需要 100 万辆大卡车。他的同事虽然像很多知识分子一样，对数字没有什么概念，但同意了他的说法。结果发现是中文的原文中出现了错误：是"二千七百吨"，不是"二千七百万吨"，那个多出来的无辜的"万"字造成了混淆。

翻译们的水平参差不齐。有几位像高速火车一样，嗒嗒嗒地翻译文章，特别是涉及外交方面正式的、不透明的内容；另外一些翻译花好几个小时才能译完一小篇文章。鲍越常常要花费大量的时间，努力弄清楚文章中的一些句子是什么意思。

鲍爱乐（前排左 6）和北大的学生在未名湖畔合影，1973 年。

鲍越工作非常紧张，注意力高度集中。他常常在看到文章的结尾时，已想不起来开头是什么了。同时，翻译们经常因为向他提问而打断他的工作，这样他们才能继续翻译下去。文章印好后，还可以再作修改。但是同样的事情需要再做一遍。尽管如此，鲍越在他停留在北京的后期，每天作为翻译（译自英语）为报社工作半天，还在北京电台作为德语老师工作半天。当他两年后非常疲劳地回到欧洲后，他在《北京周报》的80%（非全职）的工作量由三个全职工作人员承担。当然，鲍越得到了老一辈德国人和奥地利人的支持。这些人部分在中国已经生活了十几年，经历了"文革"的风雨。和他们的相识非常有意思。和同事们共同承担艰苦的工作，使我们成了好朋友。我们经常在一起大笑。

像杨贵妃一样泡温泉

我们作为外国人，在中国相当孤立。当时在北京只有200位外国专家和数量很少的外交官，因为中国还远远没有与世界上的大多数国家建立外交关系。瑞士驻华使馆有几位外交官，还有几位经历"文革"的双重国籍人士，除此之外，我们是仅有的在中国生活的瑞士人。我们也享受了很多特权。相对在欧洲的水平来说，我们的工资不高，但相对于我们的中国同事来说，我们挣的至少有他们的十倍多。我们可以说能买北京商店里陈列的任何东西。

业余生活很单调。如果我们去餐厅的话，必须6点钟开始吃饭，因为最晚7点半餐厅就关门了。晚上9点后，整个北京死气沉沉。舞台上只演出由江青选的几部样板戏。观看杂技演出和运动会是另外的休闲方式。我们可以看朝鲜电影放松，里面的演员总是哭哭啼啼，或者为银幕上的理想主义革命英雄而感到痛苦。我们还在北京最大的体育馆里亲自领略了周恩来演讲时的风采。

另外，我们可以参观一些单位，这是其他外国游客们无法做到的。我们参观幼儿园、学校、大学、炼钢厂、机械制造工厂、油田、人民公社、农户、军事单位等。我们可以与各单位的领导讨论他们遇到的问题。我们还可以参观仍然对公众关闭的博物馆、公园、展览、风景区。在故宫、天坛、颐和园或者八达岭的长城上，我们和陪同人员几乎是唯一的一批访客。在博物馆里，我们可以近距离地观看展品。在西安，我们甚至可以在唐朝的杨贵妃出浴的华清池里独自泡温泉。

在异国他乡做异乡人

我们到处被当成展品。当爱乐在大学里骑车穿行时，来自四面八方的呼声"外国人"包围着她，骑车的人们扭头偷看她这个"大鼻子"，完全不顾自己有可能会撞到什么东西。我们在城里买东西的时候，其他顾客会给我们提一些有价值的建议：哪种料子更好，或者哪双鞋我们必须得买。在西安老城里，我们引发了一场集会：围绕鼓楼的大广场上，人们挤得水泄不通；公交车停下来，以便司机能安静地观察我们；一群中学生（当时正好是暑假期间）跟着我们进了一家书店，以至于店员不得不关上大门。

1973 年，我们在到西部的旅行中到达延安。延安曾是红军在长征后抵达的地方。我们还到了"文革"中的模范村——大寨。在此之前的秋天，我们花两天时间参观了位于河南北部的新建的红旗渠。那时我们就了解了中国的农业情况，并清楚

地意识到当时的农村和首都北京的巨大差距。中国是一个发展中国家，这不仅仅是如它自己认为的，也不仅仅是我们在书中看到的。农村崎岖不平的泥泞道路、商店里匮乏的物资、工厂里简陋的工具、落后的卫生条件和挨着理发店的牙医诊所等，这些都让适应了西方国家生活水平的年轻的外国人倍感惊讶。因此，我们今天格外讶异于中国在过去短短的30—35年内的巨大发展。

　　延安对于革命者来说曾是革命圣地，看上去自从40年代以来就基本上没有什么发展。这里有很少的贫瘠的黄土地，却要供养越来越多的人口，农村的社办企业无法发展。大寨是中国农业学习的榜样，它除了高高的玉米和由于得到北京的津贴而新建的房子以外，没有其他可以展示的。这个印象也在三年后我们参观北方的大庆油田时得到进一步的验证——大庆是中国工业的典范。

我们回到了北京，一年之内它已经成为我们故乡的一部分。这种状况持续至今，尽管北京几乎完全变了样子，我们始终没有变化。

经香港返程回家

尽管我们很想继续留下来，但是理智告诉我们，我们应该回欧洲安顿我们的生活。整整两年后，我们离开了北京。由中国同事们陪同到广东，途中经过了上海、江西、长沙和广州，然后抵达香港。在香港，我们也体验了文化差异——另一种的文化差异。我们步行经过位于稻田中的罗湖桥，今天在深圳已经找不到它了。经过了在中国的——不仅是在乡村，而且也包括首都——慢节奏的生活，我们到达了一个"大都会"：高楼、高速公路、拥堵的交通、喧哗。当时的香港和今天相比，就像是来自另一个世界：最高的高楼是康乐大厦（今天的怡和大厦），当时位于海滨；接着是原中国银行的大楼，这座楼如今淹没在高楼大厦中，人们只有知道它位于哪里，才能找到它。每当我们告诉人们我们来自中国时，他们都会不信任地、惊讶地、不可思议地注视着我们。"红色中国？"有些人还会追问道。作为英国的殖民地，香港当时是冷战的前沿，一如西柏林。

我们享受这座西式城市里的一切，去咖啡馆，看展览和电影。经过短暂的飞行，途经泰国、缅甸和尼泊尔之后，我们在印度北方乘坐火车和汽车，经巴基斯坦、伊朗、土耳其和叙利亚回老家。在经过这些亚洲国家的旅行途中，我们明显地感觉到，中国虽然也是个贫穷的国家，但那里的社会差别要小很多，基本需求如吃饭、居住和医疗都有保障。至少在城市和郊区，

所有的孩子都能上学。

　　尽管我们只在中国度过了两年的时光，我们仍需要时间重新适应在德国的生活——我们的目标是在德国完成博士学习。对中国的印象持续影响着我们。那一段时光至今留存在我们的记忆中。我们写书写文章，举办有关在中国生活、居住和工作的报告会。德国和瑞士的很多人想知道中国看上去是什么样子的，他们对中国人、中国的社会和文化很感兴趣。几乎还没有人到过中国，去中国旅游才刚刚开始。在友协的框架下我们组织聚会和旅行，放映来自中国的电影，邀请中国的文化代表团。

中国还是中国，中国仍然保持中国特色

　　1976年，受到中国对外友协的邀请，我们才有机会再次

访问中国。我们很高兴能够再次拜访老朋友，参观新的景点。我们能够感受到周恩来去世后、毛泽东逝世前的紧张气氛，中国像是瘫痪了一样。此后，在远离中国的地方，我们关注着中国的发展：毛泽东的去世、"四人帮"的下台及对他们的审判、"四个现代化"的政策、中国的改革开放和前所未有的经济繁荣。

当我们 1984 年决定再次到中国旅行的时候，刚从中国回来的游客和我们在瑞士生活的中国朋友告诉我们："你们会认不出中国来了。"果真如此。我们惊讶于新盖的房子、新铺设的道路、快速增长的交通、新的酒店，尤其是我们的朋友们越来越好的生活。我们到他们的新居去做客，受到热情的接待，和他们激烈而且公开地讨论发展的问题。

但是，我们很快就重新认识了中国：政治、经济和社会虽然经历了重大的变革，但是人们没有怎么变化。所有的人都想富裕起来，但是仍然为了一个目标——让他们的孩子生活得更好。孔子的道德标准（也包括束缚）又变得重要起来，传统再次受人喜爱，爱国主义和历史觉悟又赢得了重要的意义。同时，国外的影响日益加深：互联网、出国旅行、在国外学习，经济、科学和文化的交流更是促成了种种改变。

经济和文化方面的变革是巨大的——相比之下，政治方面少一些。这其中的许多变化令我们很欣喜。首先，中国的经济取得了巨大的进步，这一点很重要。经济繁荣把大多数中国人从贫穷和落后中解放出来，但也带来了新的问题：空洞、隔阂、家庭的分离、社会压力、贫富之间和城乡之间日益增长的差距、腐败，另外还有环境问题。然而令人赞叹的是，中国人如何在发展经济的同时，解决了几乎不可征服的难题。

当毛泽东在 1973 年询问一位华裔诺贝尔奖得主中国经济

鲍爱乐、鲍越夫妇近年重返中国时留影

是否有可能在 2000 年超过英国时，我们当时为如此天方夜谭般的设想而摇头。而今天，中国需要面对的更多的却恰恰是因发展过快所带来的问题，包括抑制人们对经济发展片面和过度的追求冲动。

我们理解，中国人民的问题将由他们自己解决。我们坚信，他们做得到这一点。

即便中国改变了很多，尤其是从外表看上去，但它始终还是中国，并将一如既往保持中国特色。

在瑞士的难忘岁月

徐希忠

（中国前驻瑞士使馆文化秘书、驻突尼斯使馆文化参赞）

上世纪 70 年代初，我被派往中国驻瑞士大使馆做文化交流工作。瑞士朋友和这个国家的政治、经济、文化等方面给我留下难以忘怀的深刻印象，至今记忆犹新。

瑞士国土不大，只有 4 万多平方公里，有山有水，山中有水，水中有山，山水环抱，青山碧水，风景如画。人口也只有 700 多万，但国民收入居世界前列，人民丰衣足食，生活安定。

我给瑞士联邦委员、外交部长让座位的故事

瑞士系联邦制国家，全国七位联邦委员分任七个部的部长，并轮流担任联邦主席。1977 年，联邦委员奥贝尔任外交部长。有次，瑞士外交部组织外国驻瑞士使馆外交官去外地参观。据瑞士外交部的通知，各国使馆外交官先乘本馆的汽车到瑞士外交部广场，再换乘外交部事先准备好的大巴车前往参观地点。当各国外交官们陆续上了大巴车后，瑞方外交部陪同官员也随后登上了大巴。因事来晚的瑞士外长奥贝尔最后上车时，已经没有座位了。他带着歉意与车上的人们微笑着打了招呼后，就站立在车中。这时，我们大使见他年龄已大，示意我站起来给他让座，但他说什么也不坐下，一直站到参观地点。

亲历瑞士的直接民主

有一年 4 月底的星期日，我们使馆外交官被邀请去阿彭采尔州观看直接民主选举——"广场集会"。大家都很高兴，因为这种古老的选举方式在世界各国已不多见，至今也只有在瑞士少数几个州保存了下来。

当我们到达阿彭采尔后，只见人们从四面八方涌向阿彭采尔广场，人山人海，约有数千人；四周围观的妇女、儿童和旅游者也有数千人，场面蔚为壮观，着实是当地的重大节日集会。广场中有选举权的男士们（当时妇女无选举权）穿着节日服装，腰间挂着一把装在漂亮的鞘内的刀，很自豪地在人群中走动。上午 10 时，会议正式开始。大会有 20 余项议程，逐项进行举手表决。大多数选民都毫不犹豫地举手赞成。遇有少数选民反对时，主持人允许他们陈述反对理由，会很和气地表示接受并进行复议。

两个多小时过后，全部议程顺利进行完毕，新的州政府班子产生了，人人喜气洋洋。下午，广场变成了儿童和妇女们的游乐场地，而阿彭采尔所有的餐厅、酒吧和咖啡馆则成了家庭亲友团聚的地方。此时此景，让我真实地看到了瑞士这种充满节日气氛的、特有的民主选举方式，真是大开眼界。

瑞士朋友介绍全民皆兵的情况

瑞士于 1815 年被欧洲大国公认为"永久中立国"。在历次世界大战中，瑞士严守中立。但是瑞士政府为了国家和人民的安全，仍然保持高度的警惕，实行兵役制，十分重视全民国防。凡是 20—50 岁的适龄男子，都必须服兵役。不愿服兵役的成年男子要缴纳免役税。在服兵役期间，根据每人的具体情况进行军事训练。在训练中就定好兵种、级别及第二年的服役地点和部队番号。服役期满后，可带着自己的全部军事装备如枪支、弹药、防毒面具及军装等回家。到第二年规定的时间，要带上全部军事装备去报到。退役者平时可以到市区、镇训练场地进行射击训练，并接受当地有关部门对武器等装备的严格检查。

有位瑞士教授是医生，在服役期间既搞军事训练，还要做医务工作。此人曾访问过中国。回瑞后，他盛情邀请我们文化处的同志去他的小别墅做客。这座小别墅并不那么豪华惹眼，比较普通简单。他介绍说房子是新盖的，有地下室。他招待我们喝完咖啡后，就带领我们到地下室参观。首先迎面看到的是地下室墙上挂了不少军用品，如枪支、军用背包、子弹袋、防毒面具及军装等。他高兴地说，如此军用装备有两套，一套是他儿子（大学生）的，这套是属于他的。他顺手从墙上取下擦得发亮的手枪，很熟悉地摆弄给我们看。还说，如果他是小炮手，还可以扛小炮回家。我们参观完后，大家纷纷称赞他的地下室。他带着掩饰不住的骄傲表情说：在瑞士，所有建筑都必须建地下室，国家负担部分费用，并要求在地下室储备能用一段时间的食品、饮料等，以备万一发生战争时使用。当时我想，瑞士有160多年没有发生战争，而且又是世界公认的"中立国"，却有如此强的备战备荒意识，令人佩服。

人人都有环境和文物保护意识

瑞士在国际上被称为"世界花园"。刚到瑞士时，我近看远看，到处都是一栋栋各式各样的二层小楼，很少见高楼大厦。

每栋小楼间隔不远，房前房后及左右都种着各种树木，有开花的，有结着果的。绿油油的草坪上开着红、黄、白的郁金香花，像一块漂亮的大地毯铺在院内。还有引人注目的楼上楼下窗台上摆放的各种鲜花，鲜艳夺目。据说，一年四季都有适应不同气候的花开放着，"世界花园"名不虚传。

有时，我走在大街上，也很难看到脏土垃圾。家家户户都干干净净，没有烟头、纸片、痰迹、树枝及杂草之类的东西。瑞士人处理垃圾，会按规定日期，分类将垃圾有序地放在门外人行道旁，等待垃圾车运走。

有一天，一辆警车开到我们使馆门口，我们传达室值班人员很惊奇地问：警察先生，发生了什么事？警察很礼貌地说，"邻居说你们使馆院内冒烟污染了空气，影响环境卫生，请你们今后不要在院内烧任何东西。"之后，我们才知道是使馆花工将枯树叶集中起来点火烧，邻居看到后打电话报警，才引来警察提醒。邻居还建议我们，把院内角落处放着的那个废旧不用的旅游拖车拉走，说是影响美观。

由此可见，瑞士人是非常重视生态环境保护的。

我们下班后，经常到附近的河边散步，岸边茂密成荫的树林中经常能看到翘着麦穗一般尾巴的小松鼠在树枝间跳来跳去。有人经过时，它们就飞快地跳下来到人跟前要吃的，一点都不怕人。岸边常有几只野鸭子，扭着笨重的身子在马路上一摇一摆地迈着四方步慢慢行走，后面跟着一辆小汽车，也慢慢地跟着鸭子一点点移动着，不去赶它们。当鸭子拐弯走了，小汽车才快速开走。

我们有位教授朋友，是海豚专家。有一天，他请我们去他家做客。他访问过中国，对长江中江豚逐年减少感到非常痛心。他说，减少是人为造成的，原因是长江两岸施工把江豚吓跑了，并说，江豚是很胆小的水中动物，很聪明，人们应很好地保护它才对。接着，他让我们参观了他房间中摆设的海豚骨架，以示为荣。

另外，有瑞士朋友对北京又高又大的古老城墙被拆掉感到万分惋惜：北京拥有那么好的大城墙，人们应引为骄傲，你们拆掉它，今后会非常后悔的，这是花多少金钱也再买不到的文物。

文明礼貌处处可见

我们在使馆办公，住宿则在使馆附近租房。每天上下班，都要经过使馆附近的一条狭窄小胡同。我经常在这条小胡同里与一个六七岁的背着书包的小男孩相遇。每次相遇时，小男孩都主动向我问好。因胡同狭小，我下意识地闪一下身子让他顺利通过，他总是说声"谢谢"。

有次，我们去拜访一位瑞士朋友，在大街上不知路途如何走，问到一位走路的男士，他很和蔼热情地指明如何如何走后，看我们仍不明白，就干脆坐上我们的车带我们去目的地，然后他自己再花钱坐车回家。

我们还有位瑞士朋友，曾几次访问中国。他盛情邀请我们去他家做客。他家离伯尔尼大约四五十公里的路程。那天天气特别好，蔚蓝澄澈的天空一望无际。在和煦宜人的阳光下，我们愉快地开着车，不久就到了他家。这是一座简单又整洁的房子，全家三口人在房前热情迎接我们。进大门后，尚未落座，他迫不及待地让我们参观他家的大厅。啊！大厅中摆设的全是中国古典家具，如紫色的大方桌、圆圈座椅、小茶几、地毯及几幅古老的字画。我当时就想，这位瑞士朋友怎么这样喜欢中国古老文化？真是少有呀！由此，我们和这位朋友的距离一下子拉近了许多。

午饭时间到了，主妇早已在餐厅中把每人使用的餐具刀、叉、勺及盘子按照人数摆放妥当。我们坐在各自的座位上后，主妇很利索地开始分餐到每人盘中。食物非常简单，都是土豆、白菜、奶酪及面包之类，不像中国丰盛的大鱼、大肉、大虾。眼前这顿洋餐，没能引起我们的食欲，但出于礼貌，也不得不装模作样地吃。旁边那个八九岁的小男孩却吃得津津有味。一会儿，小男孩先于我们吃完了盘中食物，接着不好意思地用请求的口气问他妈妈："妈妈，我还能再吃点吗？"妈妈笑嘻嘻地很快又给他添了些。旁边的爸爸笑着对我们说："他是我们家的小饭桶！"大家都含着爱意笑了。

有次在大街上，我看见一位走在我前面的老人将脚下一把不知谁丢的雨伞捡起来，很认真地挂在人行道边的栅栏上，然后继续走他的路。还有一次，我看见有个十三四岁的男孩把没有锁的自行车靠在墙边，过了几天，我又经过此地时，那辆崭新的自行车仍放在原处。还有一次，我去商店买几支圆珠笔，售货员微笑着将圆珠笔交到我手上，还赠送了两支，我恭敬地说了声"谢谢"。

以上种种现象，不管老人、小孩，男的、女的，都很文明礼貌。另外，我也从未在公共场合遇到过吵架骂街现象。这些都给我留下了深刻印象。

意重情深的友谊

1950年9月14日，中瑞两国建立了外交关系。65年来，两国政府和人民间的相互了解和友好往来日益加深。对此，瑞

1974 年，苏黎世对华友好协会主席莫尼卡（左 2）邀请中国大使馆人员郊游。（右 1 为徐希忠，右 3 为赵黎莉，右 4 为许颖之，左 1 为王庆忠）

中协会、瑞士对华友好协会、认识中国社和许多瑞士朋友作出了突出的贡献。

在上世纪 70 年代，我认识了一位对华非常友好的朋友，叫莫尼卡，20 多岁，在一家建筑公司上班。她访问过中国，热爱中国和中国人民。她在公司每天只上半天班，其他时间全部用于对华友好工作和照顾自己年幼的儿子。中国人民对外友好协会代表团访问苏黎世期间，她自始至终不辞辛苦地接待和陪同，最为忙碌。为了不影响代表团的访问顺利进行，她时常把三四岁的儿子带在身边。大家开玩笑地说：莫尼卡的儿子也成了瑞中友好协会的会员了。

她的真诚、友好和热情令我们十分感动！

关于瑞士语言的二三事

多 佳

（中国驻瑞士大使馆政治处主任）

在瑞士工作已逾四年，仍能记得临赴任时心怀的几分忐忑，是因为瑞士这个独特的欧洲小国的语言。一方面，德语是约 63% 的瑞士人的母语，但他们在日常生活中使用的口语也并非标准德语，而是瑞士德语（Schwyzerdütsch）。就算是学德语专业的人，初来乍到也难听懂。另一方面，瑞士语言众多，国家语言有四种：德语、法语、意大利语和列托罗曼语。常言道，语言可以体现思维方式和民族性情。与不同母语的瑞士人打交道，想必不如与单一语言民族国家打交道那样相对简单。

几年来，我因工作关系走过了瑞士一些地方，结识了一些瑞士人，和说不同语言的瑞士人经历了一些事情。仅记下一些关于语言的趣闻和几点孔见，与大家交流分享。

我们从德语谈起。尽管杜登出版社出版了一本薄薄的《瑞士标准德语》，但在被问及是否确有标准瑞士德语时，几乎所

多佳在伯尔尼出席外事活动时留影。

有瑞士友人均予以否认，反而认为所谓"瑞士德语"只是概论。实际上，瑞士德语区各地都有自己的方言，比如伯尔尼德语、苏黎世德语、巴塞尔德语、格劳宾登德语等，很像瑞士这个山地国家的气候，"各乡说各语，十里不同天"。例如，问好时伯尔尼人习惯说"Grü-sach"，苏黎世人习惯说"Grü-zi"。各地人针对不同地方的方言亦互相讲笑攻讦，如伯尔尼地区德语经常因语速慢被"吐槽"。而在外漂流的游子或是闯荡南北而导致乡音难辨的瑞士德语，会被戏称为"老奥尔腾火车站德语"，因为奥尔滕（Olten）位于贯穿瑞士东西南北的交通要冲，人流量大，导致此地口音驳杂不纯。仔细想想，瑞士的语言差异在深层次上反映的是语言归属感问题。山脉绵延阻隔这一独特的地理条件既导致语言差异，也使瑞士人始终对各自的城镇乃至乡村抱有深深的归属和认同。反映在政治文化上，就是瑞士国家根本制度之一——各州高度自治的"联邦制"（Föderalismus）。

瑞士全国基本以首都伯尔尼为界，以东的东部瑞士为德语区，以西首先是包括伯尔尼州在内的三个双语州（德语、法语），而后是占瑞士人口约 22% 的法语区。据讲法语的同事介绍，瑞士法语非但没有像瑞士德语那样自成体系且方言众多，反而非常纯正。弗里堡州等邻近瑞法边境地区的法语，甚至颇有正统宫廷法语之风。追本溯源，想来可能是法国大革命期间赴瑞避祸的"遗老遗少"流传下来之故。较少有人提及的是，其实瑞士法语区也零星散布着一些德语母语的村落，而这些德语村落则毫无例外地拥有自己的德语方言。瑞士外交部的一位来自瓦莱州德语母语山村的同事曾讲过一则与此有关的外交秘闻。一次在国外的外交谈判中，临时出现紧急问题须请示国内，而身边又没有保密设施，他急中生智，因为知道需要联络的坐镇中枢的主管同事与他同样来自"法语区中的德语

2013年9月,多佳(中)陪同许镜湖大使(左)拜会巴塞尔城州州长莫兰。

村",同样操着连讲德语同事都难懂的"小众"方言,于是他在普通电话线路上以独特的语言实现了"自动加密"通讯,以堪比好莱坞大片《风语者》的方式圆满完成了任务。提及此事,他言谈中不乏对独特方言体系的自豪。

关于分别占瑞士人口约 8% 和仅 0.5% 的以意大利语和列托罗曼语为母语的瑞士人,令人印象深刻的是这些"少数派"在国家政治生活层面的高代表性。为此,瑞士联邦政府曾颁布相应的法律法规,确保四种官方语言的平等地位和联邦政府工作人员语言的多样性。联邦政府各部门确定人事编制时,须明确规定不同母语人员的比例。实际上,为达到这一指标,联邦公职岗位招聘时会在同等条件下优先录用"小语种"人士。因此,在与瑞士官员的交往中,经常会有"你居然来自列托罗曼语区"的"惊喜"。在某次使馆举办的晚宴上,一位瑞士外交官和一位瑞军军官结识并从对方姓氏上攀谈起来:"你是否来自列托罗曼语地方某镇某村?""是呀,你也是?最近回去过么?""很久没回去了,年轻人已几乎不怎么讲列托罗曼语了。"诸如此类。作为旁观者,我对聚居在格劳宾登州山区的列托罗曼语瑞士人之少，以至于彼此姓氏耳熟能详不免讶异，同时也有了更直观的认识。

在瑞士这样一个多语言国家，仅说母语是不够的。议会开会，最常见的是充满"违和感"的各说各话，但互相能懂，交流无碍。联邦政府公职人员除母语外，还须熟练掌握至少一门瑞士官方语言，瑞外交官能说三种以上外语的比比皆是。然而，瑞士人举世有口皆碑的语言天赋并非单纯的语言环境使然。实际上，"语言之争"在瑞士一直存在，并集中体现在小学语言教学安排上。

根据历史惯例，原则上德语州义务教育阶段开设法语作为必修的第一"外语"课程，法语州则教德语。但随着国际化和全球化的发展，瑞士东部一些州认为，尽早学习掌握英语更有利于年轻人的成才发展，希望将英语作为基础教育的主要外语。为此，2004年，各州教育部长联席会议协商达成共识（教育事务属各州职权范畴），统一规定各州小学自三年级和五年级起分别开始教授第一和第二外语，其中至少一门为另一种国家语言，同时，各州可自主决定另一门官方语言或英语作为第

多佳（中）与瑞士友人在少女峰铁路换乘站。

多佳应邀为瑞士民间组织作报告。

一外语，以此确保不影响瑞士国家语言多样性的传承。近年来争论的焦点是，一些州认为小学就教授两门外语课业过重，效果不彰，主张只开设一门外语，这可能导致义务教育阶段法语教学在已决定将英语作为"一外"的东部德语州的"出局"，在瑞士引起轩然大波。

瑞士主流舆论对忽视本国其他语种教学的做法总体持批评态度。尽管瑞士崇尚各州高度自治，主管的联邦委员不得不出面表态，称有关州发出了错误信号，如有必要联邦政府将出面协调。"联邦插手各州事务"的口实可谓巨大政治风险——结果却得到了社会各界的广泛支持，足见瑞士联邦政府对促进多语言文化发展的高度重视，以及多语言文化和谐共处作为瑞士国家特性之一，已成为根深蒂固的社会共识。对此，瑞士人引以为豪并竭力维护。

由此可见，语言不仅事关思维方式和民族性情，更是国家特性的重要符号和国民认同感的重要标志。我国同样是多语言文化的国家，瑞士坚定推行维护国家语言文化发展政策的态度和做法可资借鉴。

文化差异与瑞中教育交流中的趣事

赫尔穆特·莱辛

（瑞士因特拉肯中学前校长）

王　锦译

在 1978 年初次踏上中国的土地时，我并没有意识到，在接下来的数十年中我会一再访问中国。偶然性，但同时也是在中学交流方面有针对性的邀请，使我被文化差异深深地吸引。每一次访问都更好地加深了理解，相识和友谊使我感到自己与中国紧密相连。我尝试更好地理解如何在中国各个不同层面上游刃有余。对于两国之间的差异，我从未放弃一点：未来，基于对其他文化的理解，以及对外国人和陌生人的宽容。下面我将提到的事情，将会对此作出更好的解释。

为什么刚好是中国？

1978 年 10 月 2 日 19 点 10 分，瑞航 316 航班——一架 DC-8 型客机在飞行了 19 个小时后，降落在北京。一个旅行团踏进了机场狭小、灯光昏暗的抵达大厅。工作人员与长途旅行的游客们沉默而好奇地互相打量。除了 4 位海关工作人员和负责入境查验的身穿制服的工作人员以外，几乎看不到其他人。整个大厅里只有一个小小的台子，在红色的背景墙前，矗立着毛泽东的雕塑。除此之外，大厅里别无装饰。负责接待我们的是两位国营旅行社的代表。

北京首都机场抵达大厅，1978 年 10 月。

　　机场大楼前停放着几辆后排车窗拉着窗帘的黑色轿车。我们乘坐的大巴在黑暗中快速驶离机场。离开机场不久，我们就拐进一条两边种满树木的窄路。途中基本上没有看到对头车辆，偶尔有车灯闪烁。大巴在每个十字路口都不得不避让来自四面八方的没有安装车灯的自行车，或者是躲避突然超车的亮着昏黄车灯的公交车。这对我们来说真是一种异样的气氛。车行约一小时后，我们抵达了酒店，开始接下来的日程：八达岭长城、十三陵、颐和园、天坛、人民公社、檀香木加工厂。

　　是什么原因让我参加此次旅行？在首次到访北京 37 年之后的今天回首往事，答案只是简单的两个字——好奇，对另一种文化的好奇。20 世纪 60 年代，几乎还没有电视，报纸上关于中国的真实或被信以为真的报道含糊不清。那时正是冷战时期：共产党领导的国家都是我们潜在的敌人。中国在 60 年代末常常作为欧洲觉醒运动动力十足的发动机，而运动参与者视红皮的《毛泽东选集》为我们社会中必不可少的彻底变革的象征。关于中国的报道为数不多，它们向我们展示的大多是乡村里或是城市里陈旧的建筑物前穿制服的人们。正是这个幅员广阔的国家与我们的不同之处吸引了我。

1978 年 10 月初的北京，天安门广场上重新装饰过的毛主席纪念堂前，成千上万的中国人花上数小时等候在入口处。越接近入口，他们的神色越发肃穆。他们乘坐军车或其他交通工具，有的来自很远的地方。男女老少很多人眼含热泪。公社组织他们来参观。一大早，他们就站在这里排队等候。我们作为旅游者享受了特权，绕过队伍的末端，进入纪念堂参观。

我们旅行团住在离市中心很远的友谊宾馆。这是家舒适型的酒店，60 年代由苏联人建造。我感觉是住在乡下。在有岗哨的大门对面是农田，一条绿荫小路沿着被围墙围起来的酒店伸向远方。负重的自行车在坑坑洼洼的小路上像耍杂技一样扭来扭去。每 5 分钟，在尘土飞扬中驶过一辆军车或卡车。路边的男男女女们像看外星人一样看着我。我几乎无法用我的相机记录下这种场景——人们不是拒绝就是转过身去。

需要适应的还有不同的饮食习惯。大圆桌上摆满了蔬菜、米饭和其他食物。使用筷子不是问题，关键是我无法区分各种各样的菜式是用什么加工的。我们在两餐之间不可能买到零食。作为游客，我们除了在市中心的友谊商店外，无法在其他地方购物——外汇券只能在友谊商店和酒店里使用。个别人喜欢使用这种外汇券，它可以兑换成人民币。

在整个行程中，我遇到的都是乐于助人、友好的人们。我能感受到他们也对我感到好奇，但是他们更拘谨。不仅是对于中国人，对于作为访客的我来说也一样，我们之间的不同之处对双方而言都是十分陌生的。

日久见人心

在开往上海的火车上，我才意识到，自己把照相机的三脚架遗忘在杭州的丝绸厂里了。第二天一早，在上海的酒店里吃早餐时，我收到了三脚架——昨晚它被交到了酒店里。

在稍后的 1982 年的中国之行中，我也经历了类似的事情。我和我的父母作为最早的一批自由行游客访问大同。9 月 24 日晚用餐前，酒店的工作人员走来，看到我们不属于任何一个旅行团，便安排我们和几位中国人坐在一起。饭后，我们不知该如何消遣，以便度过余下的时间，经过和酒店前台工作人员的来回沟通，我们决定听从他们的建议，去一家当地的电影院观影。电影中场休息时，我们急坏了：我母亲把她的包忘在吃晚饭时的椅子上了，包里有三人的护照和一大笔现金。我们迅速赶往酒店。在黑漆漆的马路上，我们搭了一辆农用车，以便能更快地回到酒店。刚进酒店大堂，就看到一位工作人员微笑着走过来，把我母亲的包递给她。

大同机车厂的蒸汽机车，1982 年。

还有一次，1980 年 10 月 23 日，在河南三门峡，伯尔尼中学校长联席会议代表团的成员坐在一辆大巴里准备出发。这时，一位酒店工作人员匆匆赶来。原来，代表团成员的房间里"遗忘"了各种各样的物品：几双袜子、一件衬衫、内衣、一副墨镜。我们互相对望着。上述这些物品本来是被特意扔到垃圾筒里的，因为它们已经损坏了。

一见如故

1978 年我的首次中国之行中，中国社会及名胜古迹令我深深地着迷：我感兴趣的是，人们如何以积极的心态参与日常生活，并寻找未来的道路。令我印象深刻的，是中国各地不同的风光和人们解决问题的方式。

当时，由旅行社组织安排团队旅行。在上海黄浦江上乘船观光时，我不仅对西岸新古典主义的建筑感兴趣——在浦东那一边只有些仓库和农田，也对我们团里讲法语的地陪感兴趣。她叫赛琳，我回到瑞士后和她一直保持通信联系。我们聊自己的工作和计划。在非常私人的信件中，我们经常回忆起 1978 年秋天在上海的那些美好的日子，感受到了彼此的亲切。但是联系突然中断了。我尝试着在接下来的 1980 年和 1982 年再次访问上海时去寻找赛琳。在她工作的旅行社里，没有人知道她的去向。

1986 年，我突然收到一封寄自深圳的信件。赛琳在信中向我讲述她的近况：我 1979 年写给她的信被她的领导没收了，之后赛琳被调往深圳，就这样没有任何缘由地离开了她的故乡。

1988 年末，我收到了她来自巴黎的最后的信息，我的回信却因法国邮政当局罢工引发的混乱而不知所终。

奇特之事

前面提到的 1980 年访问中国的伯尔尼中学校长联席会议代表团的团长由伯尔尼州教育局长、伯尔尼州州长亨利—路易斯·法勒担任。因此，该代表团在伯尔尼州规格很高。伯尔尼州发行量最大的报纸对此作了大量的报道。图恩市高中校长埃里希·施图德对关于他的中国之行中的奇特之处作了如下描述：

清晨：在马路和广场上，人们聚在一起，或者独自一人，年轻的、上年纪的、非常年轻的和年纪非常大的。他们在晨练！这和瑞士人的早锻炼可不一样。因为这里看上去更复杂。他们练的是对欧洲人来说很难理解的、介于身体锻炼和打坐之间的练习，又带有舞蹈的优雅美感。当然，这不是共产党的发明，而是由民间自古流传下来并不断传播开来的，可以强身健体，

晨练的人们

强化自我意识。

白天：马路上、广场上、公交车里和卡车上、火车站和商场里，挤满了可怕的人群。我们觉得可怕是因为，在瑞士我们非常看重人与人之间的距离。但在中国，这似乎并不可怕：人们不觉得挤在一起有什么不妥。即使在拥挤的人丛中，人们也很放松。当人们在自行车的车流中骑车时，最开心的是让车铃声此起彼伏，充满活力。

夜晚：对于我们来说，照明太暗了。22点以后，一切都安静下来。这里缺少点什么，使我们感到生活不便：我指的是经营场所，不是指国民经济，而是指"熊"、"狮子"和"鹿"（译者注：此处提及的是伯尔尼三家以动物命名的餐厅和酒吧）。经济政策显然没有顾及此种类型。

那么，现在就涉及一个问题：上述这些奇特之处有何共性呢？一个早起的、勤劳的、夜晚很安静的民族是不是榜样，还是很危险呢？还是仅仅只是一件奇事？我的意思是这样提问很危险，会诱使人们产生偏见。但是，有些事是可以肯定的：这是一个令我们感兴趣的民族。

施图德在上世纪80年代初给出了他对中国之行感到特别之处的思考。他还写道：

我们在旅途中住过三种不同类型的酒店：老式的大型酒店，建筑风格是西方列强当年试图在中国实行殖民主义时期的；近代大型建筑，呈现出不同建筑工程的踪影；大大小小的房子或楼房，风格是曾和中国合作非常紧密的苏联式的。所有三种建筑形式都有一个共同点：西方游客不习惯其卫生设施。当然可以改造，但是投资高昂，免不了会影响到价格。

除此之外，难道没有优点吗？当然有。首先，不用给小费。所有需要根据消费金额计算的附加项目可以一概省略。第二点，是对我们的行李的出色的组织管理。在离开 X 酒店前，根据约定的时间放在房间里收拾好的行李，会不出意外地在下一家将要入住的 Y 酒店的房间里出现，不管我们中间是乘飞机还是乘火车，不管中间间隔了多长时间。第三点是极为美味的食物。中餐的智慧呈现于一盘盘不同菜品的特色中，客人可以根据自己的身体状况选择食用。

在同一篇文章中，施图德还提到他与陪同我们代表团的导游的对话：

当翻译问我，我们的中学是如何教授政治课的，我当然必须先解释我们完全不同于中国的前提条件：多党执政的联邦制政体，各方保持平衡，充分讨论后决策。和我讨论此问题的谈话对象明显对此很难理解。他认真地听我解释，沉默良久后用一句话结束了我们的对话："对于一个小国家来说，这大概是很好的管理系统。"我现在还想补充一下：他的话大概是对的。

挑战

1985 年，伯尔尼中学校长联席会议第二次组团访问中国。我为此行做准备工作并陪同代表团访华。中国驻瑞士大使馆和瑞士驻华大使馆都一如既往地给予了我们大力支持。当时，中国对我们来说还不是旅游目的地国家。

当时的交通工具包括火车，只有国航一家航空公司，时常会晚点。

10 月 3 日，我们乘火车从大同前往呼和浩特。我意识到，我们 10 月 5 日夜里从呼和浩特前往兰州乘坐的火车，已预订的唯一的软卧车厢几乎没有空位子了。

伯尔尼大学教授汉斯·海尔斯格在他的日记中记述了当时

的情景：

晚饭后，王先生（我们在内蒙古的导游）陪同我们去了一家电影院。电影院里放映的似乎是一部侦探片。而我们随后所经历的事情比电影更让我们感兴趣。王先生把我们准时送到火车站。我们还有时间在候车室里等待一会儿。火车准时到站，我们和其他乘客混在一起，准备登车。我们的领队赫尔穆特给我们分好了床位，但他也提醒我们，这些卧铺并不一定全部腾好了。他真是料事如神！我们代表团由20人组成，而软卧车厢只有8张空床。后来我们被告知，每到一个大站，会有几张卧铺空出来。在呼和浩特站只有8张床，这是很肯定的了。我们先在软卧车厢里把两人安顿在已预订好的床位上，其他人在走廊的折叠椅或硬卧车厢休息。不管怎样，我们在凌晨时分都集中到软卧车厢，每人都有了床位。许女士（译者注：原文为王夫人，是指许颖之女士。以下同。她全程陪同我们）不停地向我们道歉，急得眼泪都快流出来了。她说服了列车员，请他们友好地让出了他们的值班室给我们休息。

我们小睡了几小时，吃早饭的时候在餐车交换我们的奇遇。美丽的风景越来越多地吸引了我们。午饭前，我们经过了黄河。火车不时地沿黄河前行。有趣的午宴后，我们驶向戈壁滩。石滩、沙滩和盐滩分离开来。中国人尝试用一捆捆的麦秆编成网，在缝隙里种上植物，以固定沙滩上的巨型沙丘。这令我们深感佩服，希望他们能成功。火车站用石头建成，很有艺术性。火车可以方便地进出车站。我们以大约每小时60千米的速度在大地上蜿蜒回转。探头窗外，经常能看到巨大的蒸汽车头和最后一节车厢。偶尔，我们会经过沙漠绿洲的边缘。那里的农民辛勤地种树，努力开垦出一块肥沃的土地。间或能看到放牧的骆驼群，或者是蜿蜒行走着的壮观的驼队。傍晚时分的氛围总

伯尔尼中学校长联席
会议代表团访华之行
所见：1985年中国的
普通一天。

是特别的。穿透云层的阳光温柔地撒向大地，由不透明的灰色转为柔和的粉色，在绿洲里与绿油油的颜色交相辉映。我们当中没有人补觉，每个人都在享受这趟旅行。我们带着愉快的心情抵达兰州的酒店。

汉斯·海尔斯格在他的日记中接着记述了1985年的中国之行——这趟旅行对他而言有时无异于一次历险：

我们在桂林准备出发，13时45分必须收拾好行李。机票已经出好了，我们等待着。如果能做到的话，我们也想像中国人一样蹲在地上。他们怎么蹲着就能放松呢？人们需要耐心。谁还有白兰地？16点时，我们有了新的安排：参观一家生产手工制品的工厂，还可以购物，然后又去了一座公园。晚饭是匆忙准备的，我们边吃边说些无聊的笑话。现在，我们终究还是去机场了。机场里挤满了人，我们加入了候机的人群。领队们和柜台的值机人员商量解决办法，我们开始诅咒起来。"中式艺术风格"这个词冒了出来。许女士找到了机场负责人，她丝毫不放弃为我们争取合法权益的机会。地陪也绝对没有闲着。我们可以在候机大厅里向前挪动并顺利通过安检。这么多人！地上到处挤满了或坐或躺的旅客。其他的大厅里也是同样的情况，整个组织状况近乎崩溃。我们将乘坐的航班的空乘人员本来21点开始下班休息了。现在是21点15分，大厅里的人越来越少。21点45分，我们也登上了英式哈维兰客机。起飞了，应该如何评论这些空乘人员呢？他们简直是棒极了。乘务员们友善、从容，服务良好。机长（看不到他）将我们安全送抵广州。尽管我们无法向他当面致谢，但仍然对他充满了谢意。

遗憾的是，我们的行李没有随机抵达。我们展示了瑞士联邦性的执拗。不，没有那些贵重的行李，我们不能离开机场。

来来回回，反反复复，我们越来越执拗。什么？把我们分到两个不同的酒店住宿？不行。好吧，都到一家酒店，但在广州郊区——三小时的车程。现在，我们受够了，不能如此对待我们！赫尔穆特·莱辛、阿莱克斯·格律特以及永不气馁的许女士留在机场等行李。我们前往预订好的白天鹅宾馆。美国副总统布什先生正下榻于此。感谢他带来的混乱，民主在哪里？我们必须提供民主吗？我们不得不。我们在白天鹅宾馆有空调的大厅里受到了友好的接待。当然，只有在一个美国代表团未能入住的情况下，才会有我们的房间。要有耐心，一会儿就会知道结果了。还有，就算这个美国团没来，我们还是得待在酒店里，因为行李还没到。我们随便找地方坐下或来回走动，至少可以使用卫生间——这一点我们很快就发现了。美国团到了，我们的行李也到了，这好歹是个安慰。在前台长时间地来回讨论后，是谁想出了这个好主意——地陪、司机还是赫尔穆特？不管怎样，我们把行李装上大巴，请司机运送到下一家我们已预订好的酒店。正在打乒乓球的夜班值班员转眼就开始照顾客人们，他们为我们提供了果汁和茶——纯菊花的。哎哟，还搬来了行军床。每人都可以躺下休息一会儿了。夜里3点，我们终于安顿下来。

1985年的这次旅行，部分路线不是当时常规的旅游线路，确实是一趟比较特殊的旅行。我在此再摘录一段汉斯·海尔斯格的日记吧：

傍晚，我们抵达兰州机场。这座机场距离市中心很远。开始，一切都按照日程有序进行。然后，有传言说飞机不能在西安降落。不管怎样，我们继续等待。后来被告知，我们的航班取消了，下一班飞机于次日早晨7点半起飞。赫尔穆特·莱辛和许女士积极地寻求解决办法。我们喝一杯白兰地，尝试着不要像其他旅客一样太激动。有一个德国团的成员们大声嚷嚷着，他们为舒适的旅行付了费，现在就想得到舒适的服务。他们很不开心地回兰州了。我们可以在机场的宾馆里稍事休息，为此我们以茶水表示庆祝。许女士把我们召集到会议室，我们边喝着啤酒和白兰地，边吃着坚果和饼干，兴奋地讨论着。许女士很坦率地回答了我们非常多的问题。凡是参加这次会议的成员，都把这个晚上看作这趟中国之行最令人难忘的时刻。

第二天，我们吃早餐的时候碰面，并于7点半准时起飞。寻求舒适的德国人和我们同机离开兰州。西安的地陪是一位漂亮的女士。她把我们带到外语学院，系主任、几位老师和一些学生向我们表示欢迎。他们为我们准备了茶，所有的事情都安排得很好。一位经验丰富的女翻译用流利的德语告诉我们，系主任很高兴能接待我们。我们的州长法勒用最优美的法语致谢。可是天啊，人们没意识到没有法语翻译。经过短暂的停顿之后，赫尔穆特把法勒的话翻译成德语，女翻译再把它翻成中文。这样就很完美了。事后我们得知，系主任先生曾长期在巴黎求学，讲一口流利的法语。在大家慌乱的时候，他却神情淡然。

鸟、鸡和水蛇

1985年，由伯尔尼州州长、教育局长亨利—路易斯·法勒担任团长，因特拉肯中学校董委员组成的伯尔尼中学校长联席会议代表团，在北京签订了因特拉肯中学与北京二中结成友好学校的协议。

中国有个传统说法，叫"故步自封"，而中国和瑞士的中学生们在接下来的日子里开始了亲密的接触。

　　1993 年，因特拉肯高中学生代表团首次访问中国。代表团的 18 名成员对他们的中国之行印象深刻，这里摘录几段学生们的游记：

　　"记忆中有一种感觉，这种感觉就是学习。舒爱文先生（瑞士前驻华大使）曾说过：'人们应该有足够的智慧作好准备，接受其他的处世之道和思维方式。'我在中国理解了这种准备，它将伴随我的一生。"

1985 年的北京：自行车的海洋

　　"在个人经历的细节之外，中国本身也给我留下了深刻的印象：我爱穿行在热闹的大街上。和中国同学相处令我感到很充实。对他们家庭的拜访，使我深刻地体会了中国文化。"

　　"用一句话来总结是不可能的。正是中国和中国人不同于我们理念的所有细节交织在一起，令我终生难忘。比如我在上海的小巷里发现的市场：鸟、鸡、水蛇、牛蛙、鱼和螃蟹，还有其他我们叫不出名字的东西，它们被现场宰杀时引起了我的同情，令我发抖。这是个一方面令我感到恐惧，另一方面又引人入胜的地方。其他的还有比如交通，人们很淡定：与我们不一样的是，中国的交通状况很混乱。人们可以随时随地鸣笛，按喇叭更多地意味着宣示和警告，而不是一种粗鲁的行为。"

"当我们在北京和上海自由活动时，对我而言惊喜连连。一个人单独或者两个人一起，白天或者晚上在小巷里穿行，我从未感到过害怕。中国人总是友好而助人为乐的。"

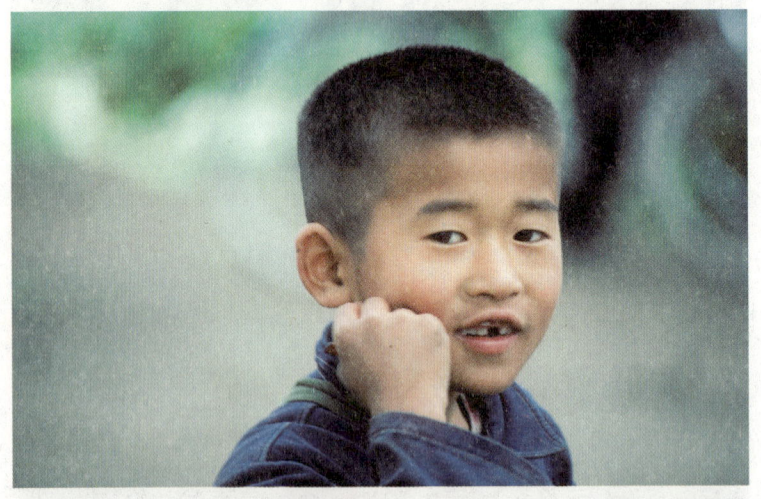

在去往潮河的蒙古包途中遇到的孩子们，1989 年。

"在瑞士狭窄的山谷之外停留一段时间，从各种角度来说都是一件好事。之前视之甚重的大事情，现在看来实在无足轻重；原来以为的长长久久，亦不过白驹过隙。在三周的时间里，很多不切实际的希望和计划都被现实粉碎并取而代之了。"

　　在 1993 年首个因特拉肯中学学生代表团访问中国后的报告结尾，年轻人总结道："在中国的时间过得很快。我们建立了很好的联系。这种联系必将长久存在。很多人把这种联系作为再次访问中国的契机。因此，我们此行达到了既定目标。友好学校的双方，北京二中和因特拉肯中学会将友谊继续下去并发扬光大。我们希望，这种友谊能代代相传下去！"

是的，但是

　　因特拉肯师生代表团于 1997 年访问北京。星期五的上午，瑞士学生在他们的友好学校里上课。中午，可以和他们的中国同学一起在学校的食堂里用餐。彼得和汉斯——他们马上要参加瑞士的高中毕业考试了——由两位中国女同学陪同，参观了校园。

　　下午，彼得和汉斯问我，他们当天晚上可不可以接近午夜时分回酒店。他们想去一家迪斯科舞厅。这是星期五，即使他们睡晚了，也不会影响第二天的活动。错过当天晚上我们按计划去茶馆听的京剧，于他们而言亦无大憾。他们还告诉我，为了感谢中午陪同他们参观校园的两位同学，他们也邀请两位友好的同学一起去舞厅。

　　我很快答应了他们的请求。我不想让他们失望，又确认道："两位女同学肯定会来？她们的家长同意了？""是的是的，两位女同学在午休后明确表示，她们肯定会来。她们第二天上午不用去补习英语和数学课。"

彼得和汉斯向我保证,他们一定在约定的时间内回到酒店。我提醒他们别为计划好的活动兴奋太早了,他们对此显然表示不理解。他们马上出发,去买新衬衫。能去迪斯科舞厅让他们开心地跑了起来,我没能阻止他们——我应该告诉他们,我们现在是在北京……

在茶馆听完京剧后,我和几位因特拉肯的中学生又逛了逛王府井大街,然后在大约22点时回到酒店。谁坐在大堂里呢?彼得和汉斯。他们穿戴整齐,但气氛压抑:他们在出发去迪斯科舞厅的路上接到电话,两位中国同学明天必须上英语和数学的私教课……

这就是理论上的文化差异在实际中的体现。只有亲自体验了其他文化中与自己文化的不同之处,才能积攒更多的经验,不断地理解其他的文化。我邀请彼得和汉斯在酒店的酒吧喝了啤酒。

去迪斯科舞厅跳舞留下了深刻的印象(前排右4为莱辛),1996年。

鲜花装饰的窗户和阳台

那么，中国的中学生在瑞士又经历了什么呢？伯尔尼高地的日报上刊登了一篇首个来自北京的中学生代表团访问瑞士后写的文章：

"我能在瑞士度过美好的三周时光，真是太棒了。对不起，如果明天告别的时候我会哭出来的话……"来自北京二中的18岁高中生回忆起他在因特拉肯停留期间的经历。有关他们印象特别深刻的经历，他们给出了各种各样的答案：少女峰、在瓦莱州和提契诺州的山间徒步旅行、受到联邦委员奥吉先生的接见、在图恩市教育中心的讨论。总被同学们提到的是他们在因特拉肯的接待家庭的经历。两位中国学生在结束他们的行程前，应接待家庭的主人威利·布拉旺特先生的邀请，前往格林瓦尔德。他们认为那里的中餐很正宗，非常接近家乡的口味了。当然，餐后去迪斯科舞厅的经历会让他们记忆深刻。

代表团的成员不仅在学校里，也会在媒体上介绍他们的瑞士之行，以及旅行中的难忘的印象。他们很高兴会于第二年的秋天在北京接待来自因特拉肯中学的40名学生。最后告别的时候到了，几乎没有人哭出来，他们只是不停地说道："明年在北京见。感谢你们所做的一切。"

1994年到访瑞士的中国中学生留下的最深刻印象是什么呢？他们不经意间提到："瑞士像一座公园一样，非常美丽：鲜花、草坪、湖泊和房子。每座房子屋顶都是尖的，墙是白色的，像一件艺术品一样。鲜花装饰着窗户和阳台。四周的空气非常清新。路上的行人即使互不相识，也会互相问候。我的接待家庭的父母很友好。当我晚上回来晚时，家里总有人在等我。"

摩天大厦和厄希嫩湖

2004 年，伯尔尼高地的中学生们对他们的中国之行感到非常兴奋：

"中国是个令人着迷的国家。从古老朝代遗留下来的各种建筑，到拔地而起的摩天大厦都深深地吸引了我。我清楚地意识到，我们是在访问一个有着先进技术的国家。"

"我们看到了上海的轮廓线。我们在黄山和北京的马路上骑自行车。我们近距离地访问杂技学校，看年轻的学生学习杂技。他们当中也许会有人在数年之后成为世界冠军。当然，我们也登上了举世无双的长城。所有这些经历组成了令我难忘的中国之行。"

所有自 1994 年以来访问瑞士的中国中学生都有幸受到了阿道夫·奥吉——不论他作为瑞士联邦委员，还是联邦主席，抑或是(联合国秘书长)科菲·安南的体育与发展特别顾问——的接见。媒体报道称："在学生们即将离开瑞士之前，他们有机会和前联邦委员奥吉先生一起在山区的厄希嫩湖徒步旅行。中国的年轻人很享受和他进行直接的对话。奥吉先生总是停下来，对那些很直接的提问，用他的登山杖在山间小路上画图回答。对他而言，这是个特殊的机会，以厄希嫩湖为例，向中国的中学生们讲解完整的环境问题。对于中国的年轻人来说，瑞士前联邦主席的坦率、专业和亲切态度给他们留下了深刻的印象。"

2003 年，一位女中学生写道："因特拉肯中学为我们提供了一种特权，即借助中国之行让我意识到，在短时间内我们可以完全沉浸在另一个世界里。突然之间，我们成了绝对的少数派。我们需要适应对我们来说完全陌生的、费解的情形。我

中国学生们与前联邦主席阿道夫·奥吉先生（中）在通往厄希嫩湖的路上，2002 年。

意识到，从一种文化转换到另一种文化有多难。接受其他的文化需要坦诚相待，或者至少尝试理解。"

回顾

2015 年春天，我坐在上海至北京的火车上，5 个小时后我将抵达北京。火车即将驶入南京现代化的车站时，经过了一大片楼盘，其中大部分房子还都空置着。它们是城市化进程的一部分。中国正在把中小城市发展成西方的模样。高铁时速达到了 300 多公里。商务人员，也包括中国国内的旅游者，正在通过手机查询股市行情，或者查看邮件。什么都不缺，我对舒适的要求完全被满足了。我的目光投向火车的窗外，田野里不时有耕作的农民。10 年之后，他们会住在哪里呢？

一个奇特而别样的国度

——瑞士追忆

王熙敬

（中国前驻瑞士使馆一秘、驻德国使馆参赞）

20世纪80年代，我曾在中国驻瑞士大使馆工作5年有余。如今30年过去了，一些往事依然历历在目。最令人难忘的是那些也许只有在瑞士这样一个别样的国家才能经历的逸闻趣事。

不带保镖的军事部长和联邦主席

瑞士首都伯尔尼是一座美丽的古城。清澈的莱茵河支流阿勒河流经市中心，形成新城与老城，然后又三面环绕着城郭；茂密的树林层层包围着小城，散发出迷人的清香；晴日则可遥望城市的"王冠"、阿尔卑斯山的高峰——少女峰。中国大使馆坐落在城市东南，附近遍布一家一楼、一户一院的别墅，是宜居的好去处。这里各家都是形状各异的美丽花园。正是全国各地类似这些成千上万的如花似锦的院落加上山山水水编织成"世界花园"——瑞士。在这依山傍水地方，同事们晚饭后常常出去散步聊天，呼吸清新空气，享受大自然的美景。

我习惯于林中晨练。在一个晴朗的早上，我正在树林中锻炼时，忽然看见时任瑞士军事部长正在漫步。他牵着一条温驯的小狗，迈着缓慢而轻松的步伐，看起来更像一位平民百姓、慈祥的老人。当我自报家门——中国使馆外交人员，并向他问候早安后，他马上面带微笑，驻足与我握手攀谈，而后又同行漫步。部长谈及中国是文明古国，有灿烂的文化；如今社会经济发展很快，令人非常钦佩，希望两国关系愈来愈密切。握手告别后，看着他的背影，我久久不愿离去。其实，这次偶遇让人联想翩翩的首先不是见面本身，而是任何人经过这里看到这位老人的时候，恐怕谁都不会想到这是一国之"军事部长"！一个国家的军事首脑林中散步，不带警卫，不带陪同，只有一条小狗"随行"，和所有林中河边散步的老人没有任何不同。可以想象，他身上也不会带什么自卫武器。这就是瑞士！

不久之后，我看到的另一件事同样令人惊异。瑞士电视台制作了一档介绍联邦主席日常生活的节目。从影片里看到，联邦主席自己开着车上班，没有司机，没有警卫，没有陪同，更没有通常各国元首所享有的"前卫车"和"后卫车"。至于交通管制或者街上戒严等，瑞士人就更陌生了。当一国之长经过大街的时候，行人来来往往一切如常，没有任何特殊的动静。忙忙碌碌的人群根本就没有注意到他们的联邦主席经过。当主席走进办公楼和办公室的时候，你会看见他自己从口袋里拿出钥匙开门——没有助理或者秘书的迎接。这样，对于瑞士人所讲部长们在街上如同普通百姓，你就不会感到奇怪了。在街头、商场、饭店甚至电车上遇到没有任何护卫在身边的联邦委员，对于伯尔尼市民来说，就更是见怪不怪的常事了。

这与特殊而简单的瑞士政治体制不无关系。瑞士联邦委员会为瑞士最高行政机关，只有七名委员，分任七个部的部长。联邦主席与副主席根据在先权以每年轮流方式经过联邦议会选举从7名联邦委员中产生，任期一年。法律规定，联邦委员会可以征用瑞士军队组成安全小组，保护委员们（部长）的安全。不过，在现实生活中这种情况很少发生。每位委员（部长）真正享受的就是国家配备的一名身着制服的管家或叫差役。

看到这么朴实的国家领导人，这么朴实的部长，你就会明白瑞士的政体多么简单！

迟到的瑞士妇女（州）选举权——目睹瑞士传统的"广场选举"

1984年的一个周末，使馆几位同事驱车前往瑞士东北边陲内阿彭采尔州，参观那里一年一度的古老传统的"广场选举"。

瑞士是一个多样性的国家，这也体现在它的选举制度上。大部分州像联邦一样，实行比例选举制，少数州则实行多数选举制。大多数州采取通常的不记名投票方式，但有的州——传统保守、人口稀少的山区——一直沿用中世纪的"广场集会"举手表决制，或称"露天举手选举制"。阿彭采尔州（分内阿彭采尔和外阿彭采尔）即属于后者。这也是一些妇女迟迟没有获得平等地位的地区。

我们抵达内阿彭采尔州府阿彭采尔市时，会场已是人山人海，熙熙攘攘，热闹非凡，像过节一样。选举广场是用篱笆围起来的，男士选民穿着当地传统服装，在广场里面交头接耳，谈笑风生，有时还夹杂着打闹声。一眼望去就能感到，他们今天来不仅要用"举手"投下一年一度的神圣的一票，而且也是借机与相识的和不相识的"老乡"聊聊天、叙叙旧。所以，这既是选举盛会，又是朋友乡亲的聚会。其实选举很简单，根据候选人名单，大家举手表决通过就完了。令我们这些外国人感到好奇的不只是这种延续了几百年的选举方式，而首先是妇女只能是选举的"参观者"。她们虽然也穿着节日盛装，欢天喜地，但她们是不能走进广场里面的，只能站在篱笆外面像欣赏剧目一样观看着他们的男人们的喜庆"表演"（选举）。也许当你知道这里的妇女是如何想的，一定更感到不可思议。我们与一些妇女攀谈时，问到她们被"排斥"在选举广场外面，被"剥夺"了选举权，有没有失落感，想不想为妇女选举权而斗争，她们平静地回答说："没有任何不满！选举是他们男人的事，参与政治本来就是他们男人的事。我们女人生来就是围着锅台转的！家里活已经够多了！妇女们不懂政治，也不关心政治！"听了这番话，不知是感动，还是同情。这里我不禁想到近代史上各国为妇女平等的权利而奋斗的可歌可泣的壮举：早期国际无产阶级女革命家克拉拉·蔡特金和罗莎·卢森堡作为社会主义妇女运动的先驱，呕心沥血为国际妇女运动奋斗终生。而瑞士多数妇女却是以一种平常心态看待有或者没有选举权这一重大政治问题的。1848 年，瑞士在全国范围内开始实行男性公民的投票选举权。123 年以后，即 1971 年，女性公民才同样获得联邦一级的选举权。又经历了 20 年，一直到 1991 年，内阿彭采尔的妇女终于获得与男人一样的选举权。不过，这一权利的获得，不是男士们的"慷慨馈赠"，更不是妇女自己奋斗的结果，而是瑞士联邦法院判决作出的决定——"给予这里的妇女选举权"。换言之，"上级的强迫命令"使她们获得了平等权利。"广场选举制"这种形式则保留至今。多年以后，时任外阿彭采尔州州长科勒—博尔女士无奈地说："当我们终于可以参政议政、加入州政府时，这也许看似春之苏醒。然而不幸的是，今天我看到妇女对政治依然不感兴趣，这更令我烦恼。"

迟到的瑞士妇女选举权，和这个国家的大环境不无关系。瑞士是世界上最发达的国家之一，但瑞士人那种阿尔卑斯山地区的传统和气质实在太强烈。1971 年，瑞士妇女获得联邦一级的选举权后，从政的女性寥寥无几。1984 年，联邦议会才选出该国有史以来第一位女联邦委员柯普女士。1999 年，德莱富斯成为第一位女性联邦主席（总统）。

任性的瑞士人曾否决"入联"、抵制"入盟"

1984 年 3 月的一天，我像往常一样，走进办公室第一件事就是翻阅驻在国当日主要大报，最醒目的新闻莫过于"瑞士国民院经过激烈辩论同意瑞士加入联合国"。早在同年 1 月，瑞士联邦委员会经过几年的酝酿，提出了入联建议。瑞士联邦院也在 12 月表决赞成该建议。之后，入联最主要的一关是全民公决。

对于支持与反对入联，瑞士社会多年来争论不休。公决能否通过，上至政治家，下到平常百姓，都十分关心。这也自然成为当时大使馆追踪研究形势的重要课题。根据大使指示，我们政治处同事分头走访驻在国各大报社的政治编辑，听取他们的分析；同时与当地各界人士及群众接触，了解他们的想法。调查结果多少还是令笔者感到意外——虽然政府辛辛苦苦做了多年的工作，但除了政治家多数同意入联外，社会各界特别是平民百姓反对的声音却依然强烈，公众不看好以后的公决。瑞士政府不断加大宣传力度，期盼公决能予通过。一直到1986 年 3 月，才就入联问题付诸全民公决。结果，75% 的选民不同意，23 个州中竟然没有一个州支持。反对的理由主要是担心入联影响该国自 1815 年以来奉行的永久中立政策。这一结果严重打击了瑞士政治，重创瑞士政府。积极推动入联的政治家甚至被视为"国家的叛徒"。公决结果也引起国际社会强烈反响，批评瑞士人这种"莫名其妙"的态度，有的报纸甚至推出通栏大标题——"瑞士人疯了！"

国际社会难以理解的是，瑞士与联合国关系极其密切，且受益良多，可怎么就是不肯踏进联合国的大门？第二次世界大战后，瑞士成为国际交往的中心，日内瓦更是世界上数一数二的重要的国际化城市。早在1920年"国际联盟"成立时，即将其总部设于日内瓦（万国宫）。1946年，瑞士决定将万国宫交联合国使用，遂使日内瓦成为联合国欧洲总部所在地，也是仅次于纽约的联合国第二大中心。资料显示，这里有包括联合国机构在内的19个国际组织、170家非政府组织办事处和近150个各国常驻代表团。瑞士在此从业人员超过两万人，约占日内瓦就业人口的10%，每年十余万人来这里参加3400余次国际会议。3万多名各国外交官和联合国工作人员占该市总人口的7%，每年给瑞士带来30多亿瑞士法郎的直接收入。尽管如此，瑞士人宁肯继续留在联合国之外。

冷战结束后，随着全球化的发展，瑞士政府愈感入联之迫切，呼吁公民顺应时代潮流。2002年3月第二次公决中，瑞士选民终以54.6%的支持率通过入联，使瑞士成为第190个联合国会员，从而解决了几十年来困扰瑞士的一大政治难题。可以说，这是瑞士最具历史意义的一次公民投票。

任性的瑞士人勉强同意入联后，不顾该国与欧洲千丝万缕的联系，特别是融为一体的经济关系（82%的进口商品来自欧盟，出口欧盟则占瑞士总出口的63%），继续以公决顽强地"抵制"政府"入盟（欧盟）"的要求。欧洲人抱怨道：瑞士人完全不可理喻！

多年来，笔者查阅过多种资料，并向专家学者请教，从中体会到，瑞士人这种"抗拒外部"心态，不仅是担心影响其永久中立地位，也是源于阿尔卑斯山地区形成的历史特征——封闭、传统、保守。瑞士人常会说，我们生活得安稳富有，没有必要非要敲开联合国大门，更不愿跨进欧盟"去找麻烦"！

邻居的"提醒"

瑞士法律十分健全，名目很细。据说，任何一位法律专家都不可能知道瑞士究竟有多少法。遇到问题，遇到争执，遇到官司，官说了不算，民说了也不算，只有法规说了算。法律规定，从大到修改宪法，小到涉及公民生活的"小事"，只要有人发动签名，提出"倡议"，达到必要的签名人数，即可进行"公决"。我在这里目睹了大大小小各种不同的公决。比如，伯尔尼商店过去晚上7点停业，提前或延后关门均属违法。1984年，伯尔尼一些市民为方便群众生活，提议每个星期四晚上商店营业延长至9点。经公民表决通过，这一规定延续到现在。从晚8点到上午8点不能大声喧闹，也不能大声演奏乐器，用大喇叭听音乐更是绝对禁止。总之，人们的活动不能影响邻居的休息，一不注意，就可能惹上麻烦。邻居甚至可能报警。我们大使馆也吃过这种苦头。

像世界各国的使馆一样，中国驻瑞士大使馆每年都要举行几次大型招待会，其中主要的是国庆招待会、新年招待会、春节招待会等。这些活动根据不同需要，一般邀请瑞士政府官员、驻伯尔尼外交使团、华人代表等，出席人数少则几十人，多则一二百人。活动大都在晚上进行，往往到9点甚至更晚结束。主人和客人碰杯饮酒，谈笑风生，气氛热烈，情绪很高，这就免不了声音很大。这下问题就来了，影响了邻居的安宁，干扰

了他们的生活，有违当地法规。结果不止一次引来邻居电话，甚至报警。警察也左右为难，他们知道使馆的这些活动都是两国之间交往的友好活动，晚上举办，对各个使馆来讲也属常理。警察协助我们进行沟通，使馆也想办法做好睦邻友好工作。如果是大型活动，我们注意动静不要太大，另一方面先向邻居打个招呼，提前表示歉意，并感谢他们的谅解。有时，也邀请邻居参加使馆一些政治性不强的招待会，例如春节招待会。这样，久而久之，不仅矛盾解决了，而且还与邻里交上了朋友，平时街上遇到还互相打打招呼。

农民不愿进城打工

1985 年 7 月底的一个周末，应瑞中协会副主席莫泽尔邀请，笔者陪同时任中国驻瑞士大使田进夫妇访问格劳宾登州。这是享有"世界花园"美称的瑞士最独具一格的地区。

访问的高潮是在该州山水相连的福坦。这个只有500多居民的小镇却闻名遐迩，每年吸引着成千上万的世界各国来客。福坦能够成为旅游胜地，不仅是因为它的青山绿水，人们更看重的是它维系了500多年、至今还保留着的山区的传统文化。一进村，男士们吹着阿尔卑斯山区的长号，妇女们穿着漂亮的民族盛装欢迎远道而来的中国客人。这种木质号角已有500多年历史，早已成为这里山区文化的代表，每年还会举行各种长号音乐节。听到村民用它吹出悠扬动人的音乐，感到非常亲切。晚上，镇政府宴请田大使一行，7点整，酒馆已热热闹闹，酒香味扑鼻而来。人们大多以饮啤酒为快，可以听到叮当的碰杯声，女服务员则端着大杯啤酒在客人中穿梭，客人感受到浓浓的山村酒馆的气息。席间交谈最多的是当地山区农民的习俗。也许就经济而言，山区落后于经济发达的德语区和法语区，但这里的环境更为自然，民风更为淳朴，文化传统更具特色。为了保持这里的文化传统，当地并不主张推广瑞士最大的官话德语，而坚持使用有灭绝危险的古老的列托罗曼语。

第二天，镇政府官员陪着客人在街上散步聊天。我们正好碰到村里的牧羊人放牧归来，主人指着穿着再朴素不过的牧羊人说，他们的工作是祖辈传下来的，如今依然过着父辈那样的的生活。他们淳朴快乐，没有任何"现代农民"的感觉。据介绍，这里甚至保留着十分传统的"落后"的集市交易方式——在骡马市场交易的时候，不是用计算器，也不是用算术，而是交易双方把手伸进宽松的衣服袖口里比画价格，讨价还价。这是我们这一代人儿时在中国农村集市上看到的习俗，然而在现代化的瑞士当时依然存在。令人更惊奇的是福坦的山区农民不愿进城当农民工——至少这是中国农民不可理解的。当天下午，主人安排参观农户——一家当地典型的山区农民，了解他们的劳动与生活。户主带我们参观大院，一边是马厩、工具房，里面有汽车和拖拉机之类，另一边则是住人的宿舍。最后参观厨房，一个地地道道的山区农家的厨房，墙上挂着、地上摆着并不整齐的各种锅碗瓢盆和其他厨房用具。我们愕然地看到，他们做饭不是使用电炉，也没有煤气灶，而是烧柴禾，用的是中国农村千百年来用过的那种老式手拉"风箱"。我们进去的时候，主妇正在烧火做饭，可以听到吱吱响的拉风箱声和烧柴声，闻到锅里冒出来的浓浓饭香味。参观结束后是茶叙。我们饶有兴趣地提了很多问题。我至今清楚地记得，当被问及这样的问题：到苏黎世或者别的大城市打工，农牧民的收入应该要高很多，你们怎么不去城里打工？主人的回答简洁而直率："我们不愿失去我们的自由，更不愿出卖我们的自由！我们喜欢、习惯于在大自然中享受自己劳作的幸福，喜欢这种远离尘嚣、恬静安谧、与世无争的农村生活！"可以看出，比起城市虽不算富有，然而村民满足的正是这种健康快乐、自由自在的生活。他们是那样留恋这块清新而美丽的故土！

这些往事的回忆，使我更加钦佩瑞士这样一个小国。这是一个色彩斑斓的国家，也是一个多样性的国家；又可以说它是一个别样的国家。也许你能发现不同国家之间的相似之处，但却难以找到可以与瑞士相比的国家。它的政体、它的风光、它的语言、它那阿尔卑斯山区人特有的气质、它那世人所羡慕的安宁——这一切都是瑞士人的骄傲！

漫步伯尔尼古城

静瑞彬

（中国前驻瑞士大使馆新闻参赞）

伯尔尼是瑞士的首都，又称"联邦城"，位于莱茵河的支流阿勒河的一个天然弯曲处，湍急的河水从三面环绕而过，筑就一个半岛，老城就在这个半岛上。伯尔尼处在德语区和法语区的中间地带，其名称德文是 BERN，法文是 BERNE。伯尔尼人以德语为主，也讲法语。

伯尔尼老城 1191 年始建，经过几次扩建，至 18 世纪建成现在的规模。传说 12 世纪末，统治中东部地区的扎灵根公爵（Le Duc Berchtold V. von Zahringen）要在伯尔尼这个地方建立要塞，他决定以猎获的第一只野兽作为城市名，结果首先猎得一头熊，于是便以"熊"（德语 BAER）作为城市名称，后逐渐演绎成为"BERN"。"熊"自然成了伯尔尼的城徽，进而又成为伯尔尼州的州徽。因为这个历史渊源，至今伯尔尼人对熊仍特别偏爱，熊的形象处处可见。有些古建筑上仍保留有熊的雕塑。在阿勒河东岸岗尼德格大桥附近，还专辟有供游人观赏的熊苑。每逢节假日，旅馆商店、银行保险、机关民宅，门前楼上无不悬挂饰有各种艺术造型熊标的大副彩旗，成为伯尔尼一大景观。平日里，熊标彩旗也是随处可见。所以，伯尔尼又被称为"熊城"。

伯尔尼老城原本都是木质结构的建筑。1405 年的一场大火，把木质建筑全都烧毁。后来重建时，改为砂岩石结构，城市的中世纪面貌至今保存完好。圆石铺就的宽大巷街、街道两旁彼此相连的拱廊、红瓦白墙相映生辉的古老房屋、文艺复兴

静瑞彬在伯尔尼附近小镇留影。

时期的雕塑彩柱喷泉、16 世纪的钟塔以及始建于 1421 年的哥特式大教堂等，使伯尔尼老城显得古色古香，充满中世纪的神秘色彩。伯尔尼老城是欧洲中世纪城市建筑艺术最有魅力的代表之一，因此早在 1983 年就已被联合国教科文组织列为世界文化遗产。

漫步伯尔尼老城，古迹处处可见。特别是从火车站到熊苑这一条几公里的长线上，古迹名胜最多也最为壮观。

中世纪的拱廊

闻名世界的拱廊，从火车站前的医院街到克莱姆街的古老钟楼这一段最为精彩。拱廊结构独特，是典型的中世纪建筑。沿街的楼房底层门前是便道，便道上面的顶是楼房的空中外延部分，形成走廊。走廊临街的一面有拱柱支撑，两柱之间似是宽大的拱门，廊道相连，拱门相接，蜿蜒漫长，形成拱廊。在老城，这种拱廊总共有六七公里长。

拱廊的里面，现今集聚着大商场、时装店、珠宝店、古董店、钟表店、工艺品店、甜食店、巧克力店、咖啡店、饭馆等。奢华衣装、摩登饰物、前卫时装、名贵钟表、中档货品，店店物品琳琅满目，家家服务细致周到。

16 世纪的街心泉

伯尔尼市区街道有 100 多座街心泉，其中的 11 座最为著名，所以伯尔尼也称"泉城"。在老城里的街心泉，多为 16 世纪时建造，每个泉都有泉柱塑像，泉水从雕塑的柱石中潺潺流出。每个雕塑都讲述着一个传说、一个童话，形象生动，寓意深刻，引人入胜。

医院街上的"风笛手泉"，形象生动，饱经风霜的风笛手肯定有一个动人的故事，变成一座雕塑永远审视人间。

市场街上的"节饮女神"，是艺术性很高的杰作。女神正在用水兑酒，衣裙飘舞，姿态优美。

克莱姆街上，竖立着"扎灵根泉"，纪念最初建城的扎灵根公爵。但泉上的塑像不是公爵，而是一只披着盔甲的熊，爪持扎灵根盾牌纹章，象征意义深刻。

在市政厅前的小广场上，有"旗手泉"。旗手全副戎装，手执伯尔尼旗帜，造型精细，栩栩如生。

在正义街，你会看到伯尔尼最精彩的街心泉——"正义泉"。泉上的塑像是"正义女神"，一手执剑，一手端着天平。她的脚下是教皇、国王、高官显贵等人物的形象，寓意即使是帝王将相、天王老子，最终也逃脱不了正义的裁决。

在信使广场，有一座"信使泉"，纪念古时一位不畏强暴的伯尔尼信使。历史故事说，在法国称霸的时代，伯尔尼派往法国朝廷的信使不讲法语，遭到法国国王的嘲讽，质问他为什么不讲法语，他理直气壮地回敬道："您也不讲德语！"令国王很尴尬。这座信使泉弘扬着一种精神：小国要自信自尊自强，追求平等互尊。

驰名世界的钟塔

驰名世界的古老钟塔在克莱姆街街头上。这里曾是伯尔尼的第一座西城门，1530年在城门上增设了钟塔，安装了天文钟和机械表演系统。若要观赏钟的美妙之处，必须在正点敲钟报时前的几分钟来到这里。正点前4分钟，硕大的钟盘上面会有一个浑身披金的小机器人开门出来，用锤子敲打头上的钟，报出时间，同时，又有"时间老人"、一只公鸡、一队小熊走马灯般鱼贯而过，整个表演极为奇妙有趣。这座钟的机件为16世纪瑞士制造，至今保养完好，运转无误，令人感慨。

古老的钟塔是科技发展的象征，是瑞士钟表工业的象征，是海尔维希亚文化艺术的象征。几百年里，它接受过多少人的瞻仰，又和多少人合影，无从计算。瑞士如今每年接待1000多万境外游客，可想而知。

伯尔尼大教堂

伯尔尼大教堂全名为 Munster Zu St. Vinzenz，是一座典型的晚期哥特式建筑，坐落在阿勒河边上，造型宏伟壮观，是瑞士最高大神圣的建筑。其建设始于1421年，历经一个多世纪才建成。中堂大殿更是前后修建了150年才完成。19世纪末，在教堂顶上又修建了尖塔（1893年竣工），塔高100米，使其成为瑞士最高的教堂。教堂里的大钟颇具传统特色，声音洪亮，传播很远。最大的钟重10吨，1611年铸造。

这座教堂最伟大的艺术品，是大门上的浮雕，题为"最后的审判"，15世纪末由大师Erhart Kueng创作，共有各阶层人物200多个，表情姿态都是在地狱凄惨悲号状，寓意坏人都要下地狱。教堂里15世纪的彩画玻璃和其他雕像，也都有颇高的艺术价值。在定期的音乐会和圣诞节时，能听到18世纪的管风琴奏出的美妙音乐。沿着254级台阶的螺旋楼梯登上塔楼的第二层（到塔尖共有344级台阶），可到瞭望台鸟瞰伯尔尼全景，远眺雪山。

联邦大厦

铜绿色顶盖的联邦宫坐落在阿勒河北岸。这是一组用花岗石建造的宫殿式大型建筑群，建于1852—1857年。联邦政府和联邦议会就设在大厦里，左右两翼是联邦各部的办公楼。大厦于1894—1902年进行了扩建，议会大楼于1902年完工。1993年，议会楼再次进行修缮，并添置了电子表决装置。联邦宫里有许多名贵的宫廷壁画、反映联邦历史的雕塑和艺术品以及稀世珍宝等。

联邦宫前的空地叫联邦广场。它是停车场，是菜市场，也是民众集会或抗议示威的场所。每逢周二和周六，小贩一早就在广场上搭棚设摊，售卖蔬菜水果、鲜花名草、特色小吃，人流熙熙攘攘，一片生机祥和。每年11月底，广场上举办传统的"葱头节"，规模盛大，远近闻名。在联邦政府门前的广场上有这样的民间景观，不能不说是瑞士民主的一种体现。

瑞士联邦大厦

伯尔尼最古老地区

从阿勒河弯曲处过桥向北走，就到了伯尔尼最古老的地区，这里大多都是典型的中世纪建筑。有一所 14 世纪的教堂，叫奈戴格教堂，大门上的青铜浮雕，描绘耶稣的故事，至今保存照旧。教堂院里竖立着伯尔尼的缔造者扎灵根公爵的雕像。

爱因斯坦博物馆

克莱姆街 49 号，是大物理学家爱因斯坦住过的地方。他住过的公寓现在是一个小博物馆。1902—1909 年间，爱因斯坦在伯尔尼联邦专利局工作。在此期间，他发表了毕生 60% 的学术论文，特别是他的惊世之作"相对论"。瑞士人对此颇感骄傲。十几年前，伯尔尼历史博物馆以 93000 瑞士法郎的高价从巴塞尔的一家拍卖行收购了爱因斯坦的瑞士护照，并于 2005 年"联合国物理年"向观众公开展示。

500 多年历史的熊苑

熊苑在阿勒河的弯道东岸，已有 500 多年的历史。现在的熊苑，是一个深五六米的大圆水泥池，中央有树。游人隔着护栏俯视池中玩耍的熊。熊窝则在熊池旁边的地下。伯尔尼人对熊感情深厚，经常来熊苑看望，复活节来看熊的人最多。若有了小熊仔，人们就会欢天喜地，奔走相告；若有熊死了，就会难过许多天。

在老城，除了上述古迹外，还有许多历史文化价值很高的景点。例如，伯尔尼火车站的地下通道里陈列着 600 年前的伯尔尼防御工事遗址；火车站斜对面的基督教教堂，建于

静瑞彬（中）夫妇 2001 年和出席中国使馆八一招待会的瑞士朋友合影。

1720 年，据说是全瑞士最重要的巴洛克风格的宗教建筑；还有 300 年前建造的狱塔，以及 15 世纪初建造的哥特式建筑市政厅等。伯尔尼历史博物馆保存着许多瑞士的历史珍藏。这是一座 16 世纪新哥特式风格的建筑，门前有高大的青铜雕塑、古典式的喷泉水池，博物馆本身就是一件艺术品。伯尔尼美术博物馆珍藏着著名画家保罗·克利的大量作品，还有其他世界著名画家的作品。伯尔尼自然历史博物馆在欧洲名列前茅。瑞士邮电博物馆是集邮爱好者的乐园。瑞士阿尔卑斯博物馆展示滑雪知识和运动的发展。此外，还有伯尔尼兵器馆、伯尔尼图书馆，等等。

漫步老城之后，可在熊苑东边拾阶而上，到高坡上的玫瑰园一游。园里种植各色名贵玫瑰 200 多种、蓝蝴蝶花 200 多种，以及杜鹃花近 30 种。玫瑰园是伯尔尼人的骄傲，风和日丽，鸟语花香，是个休闲和读书的好地方。从这里眺望老城，全貌尽收眼底，一览无余：哥特式建筑错落有致，房屋街道上下排列，红色屋顶鳞次栉比，绿荫遍布建筑当中，阿勒河湾流水碧蓝，整个城市宛如一个立体大花园。

在园中咖啡店前的露天餐桌选一个座位，要一份瑞士雪糕或一小杯浓缩咖啡（Expresso），慢慢品尝中，不免会思考一个问题：150 年前瑞士还是一个非常贫穷落后的农业小国，为什么现在变成了世界上屈指可数的富裕国家？除了瑞士人的勤劳质朴、谦虚谨慎、聪明智慧等优秀品质外，瑞士人世代不忘过去吃苦的日子可能是最重要的精神动力。瑞士人富裕但绝不铺张浪费，撒在饭桌上的面包渣都要捡起来吃掉。在瑞士，大人孩子都明白以史为鉴、不忘过去方有今天这个普通的道理。这恐怕也是为什么瑞士是世界上博物馆最多的国家（平均每9000 人一所）、为什么伯尔尼中世纪老城能保存完好的原因。

难忘的回忆

瞿宏法

（中国前驻瑞士使馆文化秘书，前驻法国使馆、

驻欧盟使团和驻比利时使馆政务参赞）

瑞士地处欧洲中部，国家管理严密，社会稳定；国民素质高，文明礼貌；经济发达，城乡差别不大；交通现代化，出行便捷；气候温和，山川秀丽；到处繁花似锦、绿草如茵，是"花园之国""宜居之乡"。

1970年，我第一次出国工作就被派往中国驻瑞士大使馆，一干就是九年多，令许多同事羡慕不已。在这个美丽友好的国家的工作经历，是我外交生涯的开始，也是我对新中国外交事业的青春奉献，留下了太多难忘的回忆。

岁月流逝，回忆难以忘怀。退休后，我每天在公园散步，边走边追忆往事，不少已写成文字，收录在网络回忆录《法语伴我四十年》中。下面几篇回忆是专为《中国和瑞士的故事》

瞿宏法在中国驻瑞士大使馆门前留影。

一书撰稿，首次见诸文字。

山美水美人亦美

那年圣诞节，大雪纷飞，"熊城"伯尔尼银装素裹，地面湿滑，车行缓慢。下午 4 时左右，在老城办完公务后，我开着一辆黑色奔驰车小心翼翼地行驶在返回使馆的途中。行至卡伊诺大厦前，有一个小斜坡。等候过桥的车辆排成长蛇阵，车距非常小，我紧跟着前面的一辆红色轿车缓缓滑行。信号灯变得太快了，没放行几辆车，绿灯就变红灯了。前面的车停住了，我赶忙踩刹车，但车不听话，还是向前滑了一下，与红车来了一个"亲吻"。我连忙拉手刹下了车，忐忑不安地向前走去。前车上下来了一位女士，身材高挑，衣着时尚，向我走来。我忙用法语说道："对不起，夫人，让您受惊了。我是个开车新手……"她没有答话，径直向车尾走去，见爱车无大碍，又回头看了看我的车，也无大伤，便平和地对我说："没关系，我们可以走了！"我心中一块石头落了地，顿感轻松许多，连声说谢谢，并灵机一动补上一句："圣诞节快乐！"女士面带笑容回了一句"谢谢"，并叮嘱我路滑小心。我俩赶忙回到各自车里，跟随车流缓缓过桥。

在异国他乡发生汽车追尾事故，竟然没有一点口角争执，我心里很是感动。回到使馆后，我向同事们说起这件事，大家异口同声地称赞："瑞士山美水美人亦美！"

联邦委员礼让斑马线

那个礼拜天，天气极好，风和日丽。我在使馆忙完了手头上的工作，和一位同事徒步回宿舍住处，途中要穿过一条较宽的马路。在斑马线前，我们耐心地等待绿灯。变灯的一刹那，我们正迈步要踩上斑马线时，发现不远处驶来了一辆黑色轿车，立马将伸出的脚收了回来。几乎同时，那辆车也在斑马线前稳稳停住。车窗里伸出一只手，示意让我们先走。我们踏上斑马线，边走边挥手致谢。我回头看了看，见那个人正向我们微笑。定神细看，那不就是瑞士联邦委员谢瓦拉吗？在他担任洛桑市长期间我就见过他。他当选联邦委员后，曾应陈大使的邀请来使馆做客，我参与了宴请的各项准备工作，并荣幸地参加晚宴作陪，因此对他印象很深。

我边走边想，联邦委员当属瑞士国家领导人，亲自驾车，还礼貌让行，实在令人钦佩。人们都说，瑞士这个国家不但自然风光美，而且公民素质很高。在瑞士九年多，从未在街上见过随地吐痰和乱扔垃圾的行为，在公共场所也未见过大声喧哗和斗殴的现象。人们行为举止都很有礼貌，"您好""请""对不起""谢谢"等文明用语从不离口。

"光盘"见民风

来使馆不久，我就有幸参加了瑞士民航总局为来访的中国公安部一代表团举行的晚宴。主人热情好客，精心安排，洁白的台布上摆放着高雅精致的餐具，还有两国国旗和五颜六色的鲜花，用餐前就使人感到很温馨、很舒服。服务员训练有素，动作麻利，上菜斟酒很有讲究。冷盘是风干牛肉配白兰瓜，爽口又营养。主菜是苏黎世小牛肉加蘑菇汁，还有土豆泥和菠菜泥。吃得差不多时，招待员手托菜盘，逐个问是否还需要加菜。你若需要，他会请你自取，绝不勉强；酒喝到半杯以下，才会给你加酒，绝不劝酒。最让我感到新鲜的是，参加宴会的瑞士人在吃完主菜后，都会用面包蘸着盘中的菜汁吃得津津有味。这与我们中国人的用餐习惯大不一样。

最初，我对这种"光盘"现象还有点儿看不起呢，觉得太小气了！后来发现，瑞士人不仅官方宴请如此"光盘"，老百姓家里用餐也是这样。我慢慢地了解到，瑞士是世界上数一数二的富国，可是在几个世纪以前，它却很穷。瑞士境内多山，几乎没有任何矿产资源。许多青壮年为生活所迫，不得不背井离乡，去欧洲一些大国当雇佣兵，替人卖命为生。正因为这样，造就了瑞士人勤劳节俭的美德和办事讲究效率、工作一丝不苟的作风。瑞士人富而不奢，从不挥霍浪费，是值得点赞的好民风。"入乡随俗"，在以后的宴请中，我也像瑞士人一样"光盘"。

"跟着我车走！"

伯尔尼是瑞士联邦首都，主要外交活动在此进行，但有时也会去日内瓦、苏黎世等大城市参加一些活动。去外地，司机对道路情况就不像对伯尔尼那样熟悉。临行前，我和司机会在地图上查看清楚活动地点和行车路线。但到了那个城市，尤其是晚上，还是不那么容易找到该去的地方。外事活动讲求准时，转了几圈还找不到地方，我心里不免有些着急。此时，我会下车向当地人打听路怎么走。苏黎世是德语区，当地人一般不爱讲法语，急得我只好用蹩脚的英语和德语与他们沟通。如还不能解决问题，瑞士朋友会说："跟着我车走！"那人开车在前面带路，我们车紧跟着，左拐右拐，很快就到了活动地点。此时，他向我们招手说"再见"，我们也挥手说"谢谢"。如果时间允许，我会下车拉着那人的手致谢，并送上一份小礼物。

这样的事，在我任期内遇到过好几次。

瑞士农家乐

5月的一天，我和文化处领导驱车前往汝拉地区，与一个画廊老板商谈举办中国图片展事宜。回来途中，轿车因机械故障无法前行，抛锚在前不着村后不着店的地方。我们徒步走到一个很小的村庄，向修车小铺老板说明情况。他让我们先在他家休息，自己和两个伙计把车拉回来检查。检查后，他说："车有一个零件坏了，需要更换，而这个零件我这里没有，需要到别处配。恐怕你们今天走不了。"他接着说："这里地方很小，没有旅馆可住，如不嫌弃就吃住在我家吧！"经请示大使，我们可以住一个晚上，等车修好后再返回。

这家的房屋木质结构，高大宽敞，但陈设简单。一半是生活区，有几间卧室，还有一张大餐桌；另一半是库房，摆放着各式农具和杂物。他家共有四口人，夫妇俩、一个三四岁大的男孩和一位70多岁的老奶奶，还有一只可爱的大黄狗。听说我们是中国人，老人很兴奋，长时间打量着我们说："我从来没有见过中国人。听说在中国，男人是留长辫子、穿长衫的。今天中国人就站在眼前，完全不敢相信，除黄皮肤、黑头发、黑眼睛外，与我们并无多大不同。"

晚上，全家人和我们同在一张长形大桌上用餐。先是热气腾腾的蔬菜汤，面包是大的黑面包，现场用刀子割。主菜是柴鸡肉和香肠供选择，配有水煮土豆。喝的是葡萄酒。席间，大家天南海北地聊天，互祝身体健康、家庭幸福，并为中瑞两国友好、两国人民友谊干杯。我们还回答了许多关于中国的问题。

鸡是自养的，土豆是自产的，香肠、奶酪是自制的——吃的全是纯天然的绿色食品。虽然没有山珍海味，但这却是我在瑞士吃的最香的一顿晚餐。

晚饭后，我们两人在村子里散步。村子连着田野，十分寂静，路上行人很少，偶尔能听到一两声犬吠。这一夜，我们睡得特香。

第二天上午，车子修好了，我们付清了所有费用，与全家老小一一握手辞行。我们的车子开远了，还见他们站在屋外向我们挥手。40 年前，在不经意中体验了一次瑞士农家乐，至今仍记忆犹新。

都想买瑞士表

瑞士是"钟表王国"，瑞士表甲天下，无人不知，无人不晓。来使馆后，我积攒了将近半年的生活费，买了一只"欧米茄"全自动表，十分喜爱。附近的中国使馆同事，甚至远在非洲的使馆同事也委托我们为他们购买瑞士表。

当时，我国每年都从瑞士进口一定数量的表，以满足国人的购买需求。表厂为增进友好关系、联络感情，不时邀请我使馆人员去参观，车接车送，还管午饭，大家报名十分踊跃。

参观时，我仔细听介绍，认真观看。表厂厂房宽敞明亮，工作环境整洁干净，工人干活一丝不苟，给我留下深刻印象。与表厂人员交谈中，我了解到瑞士表厂大都集中在西部汝拉山区和北部地区，因为那里土地贫瘠，地形高寒。在漫长的冬季里，农民往往无农活可做，制表技术传入后，形成了对他们来说非常合适的家庭工业。他们夏时耕耘，冬时做钟表，既是农民又是钟表匠。久而久之，就形成了瑞士钟表重要的生产中心。

瞿宏法（右1）陪使馆领导参加"认识中国社"朋友活动。

　　瑞士有表厂千余家，所产手表出口到世界各地，以至瑞士人自豪地说："我们向世界提供了时间！"

"认识中国社"的朋友们，好想你们呀！

　　来使馆初期，我在文化处工作，有机会同瑞士对华友好组织——法语区"认识中国社"的朋友们打交道，彼此结下了深厚的友谊。雅盖先生和夫人曾在南京大学当过法语教员，回国后积极介绍中国，吸引了不少瑞士人。他们最先在其家乡拉绍德封成立了"认识中国社"，成员多系中下层人士，其中很多也曾在中国工作过。他们通过放电影、搞展览介绍中国情况，让更多的瑞士人了解和认识中国。他们利用工作之余，在学校和公众场所举办活动，从不索取报酬。使馆为支持他们工作，有时会送去一些中国葡萄酒和小手工艺品，以确保活动取得成功，吸引更多的人。我陪着文化处领导应邀参加这些活动并担任翻译，更多的情况下是独自一人与他们联系商谈并参与其中。

每年"认识中国社"的领导成员和他们的家人都应邀来使馆做客。我陪他们观看刚从国内送来的新电影，中午用最好的中国饭菜款待他们。临别时，大人小孩都说："谢谢你们，让我们在中国度过了最美好的一天。"我也曾多次应邀去他们那儿做客。他们的热情款待使我深感瑞士人民对中国人民的友好感情。后来，我调往中国驻法国和驻比利时使馆工作，与他们当中的几个人还保持电话联系，互致祝福和问候。他们多次邀请我再去瑞士做客，我很受感动，虽因公务在身终未能成行，但这份情意深深地留在我心中。

我忘不了为加强中瑞两国友好关系和两国人民友谊而辛勤工作的"认识中国社"的朋友们。我好想你们呀！阔别几十年，你们还好吗？我们都已步入暮年，望你们多多保重。祝你们大吉大利，全家幸福！

瑞士政坛元老马克斯·彼蒂彼爱

瑞士是最早承认并与新中国建交的西方国家之一。在两国友好关系日益加强、双边往来与合作不断扩大的今天，我们不会忘记那些为此作出过重大贡献的人士。在这些人士中，不能不提及瑞士政坛元老马克斯·彼蒂彼爱。彼蒂彼爱先生生于1899年，1944年当选为联邦委员，1945年出任外交部长，1950年、1955年和1960年三次轮任联邦主席。1961年6月30日，他因健康原因辞职并退休。在担任外长期间，他冲破各种阻力，促成中国和瑞士联邦于1950年9月14日建立正式外交关系并互派公使。

瞿宏法陪同陈志方大使（中）参加外事活动。

　　1954 年 6 月，在日内瓦会议期间，周恩来总理应邀访问伯尔尼，同瑞士联邦主席陆巴特尔和外长彼蒂彼爱进行会谈。1973 年 5 月 9 日，周恩来总理在北京同应邀访华的彼蒂彼爱再次会见。为了准备这次访华，我有幸受大使委派前往彼蒂彼爱住所向其转交外交学会的邀请函，并了解他对访华的具体要求。那天天气晴朗，我和同事王庆忠先生乘火车前往法语区的美丽城市纽沙泰尔拜访彼蒂彼爱。他家坐落在纽沙泰尔湖畔，景色秀丽，环境幽静。一进门，就看见他与周恩来总理握手的大幅照片摆放在客厅显眼处。老先生个子较高、偏瘦，精神很好。一落座，他就同我们讲起当年他和周恩来总理友好会晤的情景。从中可以看出他对中国的友好感情。他说，他虽退出瑞士政坛多年，但仍关注中国的发展，对中国取得的伟大成就十分钦佩，期望在有生之年还能去中国亲眼看看，再次与老朋友周恩来会见。他对外交学会的访华邀请欣然接受，并表示感谢。

访华回国后，老先生来我馆参加招待会，对李云川大使说："访华非常成功，了却了我多年的夙愿。"他还说："病退后，我在瑞士政坛已尘封多年，谢谢你们把我从中捞了出来。哈哈哈……"

1976年1月8日，周恩来总理逝世。使馆设灵堂接受瑞士朋友的吊唁，我在客厅负责接待。前来吊唁的人很多，排成长队。在人群中，我一眼就看到了彼蒂彼爱老先生，忙走上前打招呼并陪他在灵堂吊唁。他先在周恩来遗像前默哀良久，表情凝重，最后在留言簿上签名后缓缓离去。我一直送他到使馆大门外。

1994年3月25日，彼蒂彼爱因病逝世。他对中瑞两国友好关系的建立和发展所作出的重大贡献，将永远载入史册。

雨伞结友情

吴清和

（中国外交部退休干部，原驻瑞士使馆一等秘书）

20世纪80年代中，我曾在我国驻瑞士使馆工作。瑞士是个山区国家，经常下雨，雨伞是需常备的生活用具。

那时我国向瑞士出口一批雨伞，这雨伞是用竹子和纸做成的，伞面的纸经桐油浸泡过，防水性能很好。瑞士海关在开包检查时，发觉有一股桐油的气味而不敢进口这批货。其实这气味很快就会散去，对人并无任何不良影响。使馆商务处只好将这批雨伞运到使馆，所以那时使馆宿舍楼前后有很多雨伞。华侨和留学生到使馆来遇到下雨，都可以随手拿一把。据留学生说，他们带到学校的雨伞同学都很喜欢，很快就被同学要去了。

这雨伞的骨架是竹子的，颜色是深绿色，伞面的纸是深红色或淡黄色，因经桐油浸泡过，被雨水淋湿后，颜色亮丽，非常引人瞩目和喜爱。

一天，我也撑着这样一把伞上街。刚走出使馆宿舍楼院子不远，一位女士从后面追上来叫住我，说她见从中国大使馆走出来的人都撑这样的雨伞，她觉得中国雨伞非常美，她很喜欢，问能否到中国大使馆去买一把中国雨伞。我笑着把我手上的雨伞递给她，并对她说，您不用买，把您手上的伞和我交换就行了。她接过我的雨伞，非常欣喜，我撑着她的塑料雨伞继续往前走。

过了几天，这位女士到使馆来找送给她雨伞的 Madame（女士）。根据她的描述，使馆传达室的同志估计她找的是我。我到传达室见了她，她说她那天从我手上接过伞后光顾看伞，还没有来得及道谢，我已匆匆走远了，所以今天特地来表示感谢。她请我到她家去喝咖啡。

我应邀到她家。交谈中，我了解到她和她已故的丈夫都是建筑工程师，夫妻俩在伯尔尼开了一家建筑设计公司，丈夫在一年前去世，现在她一人经营这家公司，子女都在美国。告别时，她邀请我下次去参观她在伯尔尼郊区的农场，品尝瑞士农家饭。

一个星期天的早晨，她自己开车到使馆来接我和她一同去农场。农场在伯尔尼郊区相当高的山上，应该说是一牧场，主要是放牧牛羊，每天向伯尔尼提供鲜奶、奶酪等食品。养羊主要是为了生产优质羊毛。农场由一家佃农在经营管理。中午，这家佃农的女主人给我们做了丰盛的瑞士农家饭，有烤羊排、农场生产的非常新鲜的奶酪和味道鲜美的香肠、爽口美味的凉拌菜、西红柿酱面等。

她在这农场里还有一栋度假房。午饭后，她领我去参观她的度假房。她说她丈夫在世时，他们周末和节假日都到农

吴清和（左）在农场参观。

场来过农家生活，吃住在度假房，白天在农场干活。丈夫去世后，她怕触景生情，不再进这度假房。今天是为领我参观，在她丈夫去世一年多后第一次进度假房。现在她每个星期天仍来农场，但只是来取一周食用的鲜奶、新鲜蔬菜等，当天就回伯尔尼。

度假房是一栋二层楼房，有宽敞的卧室、设备齐全的厨房。楼上有她丈夫做劳作的木工房和她纺羊毛线的机房，里面有一架木质结构的手摇纺毛线机。她还坐下表演纺羊毛线给我看。

我们成为朋友。在这以后，我也几次邀请她到使馆做客。

这段经历现在已是 30 多年前的遥远记忆了。人老易忆往事，我常回忆这段雨中在瑞士伯尔尼大街上与一位不相识的瑞士女士交换雨伞的有趣场景，怀念我那位因雨伞结交的瑞士朋友。

两湖之间，两国之间

王 锦

（原苏黎世大学中国留学生）

时光回转到 1993 年 7 月初，在经历了十几个小时的漫长飞行后，带着一份对陌生国度的好奇和一丝面对未来生活的忐忑，来自中国的我踏上了瑞士的土地。

位于瑞士阿尔卑斯山腹地伯尔尼高地的图恩湖（Thunersee）和布里恩茨湖（Brinzersee）像两颗晶莹璀璨的蓝宝石，簇拥装点着一座占尽湖光山色之美的小城——因特拉肯。城如其名，因特拉肯（Interlaken）在拉丁语中的意思就是"两湖之间"。我的接待家庭就在这个小镇上。当我拖着硕大的行李被女主人伊丽莎白·马蒂内利夫人（Frau Elisabeth Martinelli）接到家中的时候，马蒂内利一家给我的是对一个远行归家孩子般的欢迎。伴着夏日热情明艳的阳光和阵阵花香，我初次离家，进入

马蒂内利夫妇在因特拉肯的家，也是本文作者王锦在瑞士生活和工作的地方。

一个完全陌生环境时的紧张感，就在伊丽莎白慈蔼的微笑中消融了。经过介绍，我认识了今后我将与之同在一个屋檐下生活的家庭成员：阿尔道·马蒂内利先生（Dr. Aldo Martinelli），因特拉肯市著名的全科医生，当时还担任副市长兼建委主任。由于他工作繁忙，诊所及家庭的日常事务都交由夫人伊丽莎白打理。阿尔道还有一位年迈的老母亲，四个孩子中还住在家中的有两个，此外还有一只狗三只猫。在我还没来得及完全记住所有家庭成员名字的时候，他们的小女儿阿德里亚娜（Adriana）因为和我年纪相仿，很快就用英语同我攀谈起来。

大学预科很快开学了。为了练习口语，放学回家时我在火车上用可怜的德语想好一小段话，回家后见到伊丽莎白就迫不及待地背出来。伊丽莎白在与我交谈时，通常也尽量用标准德语而避免使用方言。但那一大通的叽里咕噜听得初学德语的我往往是一头雾水，只能以一串"Ja, ja"（好的，好的）的回答来掩饰自己的尴尬。由此而引起的各种令人捧腹的答非所问和误会也就可想而知了。通常，我会帮伊丽莎白准备晚饭，酷爱意大利美食的她会边切菜边嘱咐我到菜园里割一点儿香料来。分不清各种香料的我干脆每样割几根。

闲暇时间，伊丽莎白出去办事访友都会带上我。虽然我通常搞不明白接下来会发生什么事情，但我很喜欢她带给我的一个接一个的惊喜。因特拉肯城市虽小，却是瑞士很重要的一座旅游城市，一年四季都有各种有意思的活动，吸引着八方游客。有的活动有着悠久的历史和传统，如每十二年在因特拉肯举办一次的"阿尔卑斯山牧羊人节"（Unspunnenfest），及每年夏季由当地居民自导自演的露天情景剧《威廉·退尔》。

阿尔道每天忙完接诊工作，还要处理市里的工作。一起吃晚饭的时候，他常常询问我们当天的情况。有一次，我在雨天骑车打伞，恰好阿尔道开车经过，我还高兴地向他挥伞致意。晚饭后，老先生严肃地提醒我骑车时要穿雨衣，不能打伞。他还会询问我学校里的情况。大多数时候他只是倾听，不作过多的评论。

微风徐徐的夏日黄昏，我们在露台上吃晚饭。阿尔道会讲起他求学时的趣事及勤工俭学的艰辛。我曾问他为何在繁忙的工作之余还要牺牲私人休息时间，兼做市里的工作。老先生语重心长地告诉我："念书的时候我获得了奖学金，这是纳税人的钱。当时我就下决心工作以后要回报社会。"他也会聊起和朋友莱辛先生在台北餐厅点啤酒，向服务生用大拇指和食指比画瑞式的"二"，却因手形恰好是中式的"八"，结果服务生一口气为两人端上了八杯啤酒。伊丽莎白则告诉我，他们上世纪80年代初在上海街头等红灯时，被几乎全部穿"蓝制服"的黄皮肤们围起来，还有人大胆而好奇地摸了摸她浅棕色的头发。

冬天来临的时候，常常被白雪覆盖的因特拉肯市摇身变成了滑雪者的乐园。来自世界各地的游客使这座小城日日充满了活力。伊丽莎白早早地为我备好了全套滑雪用具，鼓励我上山尝试一下。12月初，她带着我一起为家人准备圣诞礼物，布置圣诞树。终于，全家聚会的日子到了。除了丰盛的圣诞大餐，最开心的是分发礼物的时刻。孩子们收到礼物时的惊喜表情与伊丽莎白慈爱的笑容在我脑海中永远地定格下来。小狗"翁达"（Onda）也收到了一根绑着红色蝴蝶结的超级大骨头。全家人喜气洋洋，百年木屋里充满了欢声笑语。

时光荏苒，一年的时间转瞬而逝。当我适应了学校里没有书本但依然紧张的学习方式时，我也习惯了早餐香浓的咖啡、餐后美味的饭后甜食。我知道，周末我们会一起去固定的餐厅点固定的饭菜：想吃意粉就去西站的意大利餐厅；比萨一定是在养老院附近转角的那家餐馆里享用；中餐的糖醋里脊要到澳门夫妇经营的店里品尝；至于自助餐，一定会选择维多利亚少女峰大酒店的餐厅。夏季吃鱼，要去图恩湖边的餐厅，老板娘接到预订电话后，会一如既往地准备好我们每次在此就餐的固定座位；冬季的奶酪火锅（Fondue）和奶酪板烧（Raclette）必定在自家花园的阳光房里由阿尔道准备，炉火和红酒令在座的每个人在冬夜里如沐春风。

一年的朝夕相处更让我体会到自己的事要自己做主。大学专业、周末出行、交友，所有的事情只要我愿意说，伊丽莎白和阿尔道一定会耐心倾听。即便意见相左，他们也不会把他们的意见强加给我。在看似"放任"的情形下，他们给予我的是足够的信任。当然，这并不意味着他们对我不管不顾。至今我仍清楚地记得当我即将搬到苏黎世时，临行前一直称自己为我的"Vitze Mutter"（干妈）的伊丽莎白对我的嘱咐："不要夜里独自外出，不能吸毒，有任何困难马上告诉我们。"收拾好行装，我也把"Vitze Mutter"的话装进了心里。

不仅是对我，两位老人像大多数瑞士父母一样，非常尊重孩子的选择。尤其是当两代人观点不同的时候，父母不会强迫子女服从他们的意志。读大学时换专业，他们理解；工作后无论选择做职员还是创业，他们都支持；恋爱了，他们不会横加干涉；失恋的时候，他们默默地在一旁，告诉你家人的爱永远都在；结婚生子时，他们送上最衷心的祝福。每当孩子们在生活中遇到困惑或者困难时，父母都会耐心而理智地和他们谈话沟通。当孩子们明白处事原则和做人的底线后，所作的任何选择不过是作为独立个体的某种生活体验罢了。

离开因特拉肯的日子，阿尔道经常习惯性地问伊丽莎白有没有收到我的电话。伊丽莎白总是乐呵呵地回答："没有消息就是好消息。放心，有问题我们肯定会知道的。"

　　转眼到了 2002 年。恰逢当时瑞士开始部分接受中医治疗方式，阿尔道决定在他的诊所里附设中医诊所，以一圆他多年的梦想。我欣然加入他的团队，寻找国内优秀的中医，装修中医诊室，办理各种手续。不久，因特拉肯市第一家中医诊所开始营业了。两位中医在工作上与阿尔道配合默契，在生活上承蒙二老照顾。我们合作得非常愉快。通过接触因特拉肯的各种病人，我更多地了解了阿尔道的为人。老先生会在圣诞夜接到急诊电话后放下餐具，冒着风雪出诊。他们会收留因伤病而无法全职工作的园丁，让其负责打理自家花园。每逢假期，伊丽莎白会提前为两位中医预订好酒店，请他们在休假时尽可能多地了解瑞士的方方面面。这些点点滴滴深深地感动着我们。两位中医和我也会不时为老先生夫妇做一顿他们喜爱的中餐。离开瑞士前，两位中医一再邀请他们再次访问中国。

　　诊所运行一切顺利。2005 年，我把男朋友吴睿带回因特拉肯"见家长"。当我们在初夏的午后回到家中时，伊丽莎白正在花园里准备烧烤的用具，见到吴睿的第一句话就是："你带驾照了吗？"看到他点头，伊丽莎白马上嘱咐："请你去加油站旁的便利店，赶紧买一袋烧烤用的炭回来。"吴睿和我领命而去。我们买炭回来，兴冲冲地准备烧烤。不多时，就听到阿尔道的大嗓门："伊丽莎白！"原来是吴睿刚才倒车时不小心撞碎了台阶上的花盆。阿尔道不知情，还以为又是老太太撞的。伊丽莎白跑过来，同往常一样，耸耸肩："噢，一会儿我收拾。"两天的时间里，我们兴致勃勃，谈天说地。吴睿随和的个性给两位家长留下了深刻的印象。周末结束后，吴睿回苏黎世了。伊丽莎白打电话告诉我的父母："睿是个好孩子，如果他问我可不可以娶锦锦，我会立刻同意。"

2006年初春，当我们把即将结婚以及婚后回国定居的消息告诉二老时，他们开心地祝福我们。阿尔道当即约四个孩子回家，最后决定由小女儿和她的未婚夫陪同二老到昆明参加我们的婚礼。婚礼前，伊丽莎白作为"全福老人"为我们精心铺设婚床。阿德里亚娜作为伴娘在婚礼上为来宾敬酒，阿尔道发表了热情洋溢的致辞。婚礼后，伊丽莎白开玩笑地对吴睿说："你要对锦锦好。否则她一给我打电话，我马上飞过来。"吴睿笑答："随时欢迎你们来中国。"

当我们的女儿两岁半时，我们带她回因特拉肯。伊丽莎白像圣诞老人一样，每天变换花样送她书本、玩具。至今，小家伙过家家还喜欢拎着 Nonna（奶奶）送她的竹篮子。

在两湖之间的小城里，还有一位倾其一生都奉献给教育事业的因特拉肯中学前校长赫尔穆特·莱辛先生（Helmut Reichen）。他于1978年乘坐瑞航班机飞抵北京，从此开启了他的中国之行。近40年来，赫尔穆特从当年瑞士最年轻的中学校长到如今退而不休的资深教育家，为中瑞两国中学生交流始终如一地贡献着自己的力量。

"锦锦，你好。我是赫尔穆特。我刚给你发了封邮件，请你查收。是关于昆明中学生明年寒假到因特拉肯参加冬令营的事情。你知道，我们需要至少半年的时间做准备工作。谢谢。"电话中传来赫尔穆特爽朗的笑声。我的眼前不禁浮现出两个月前在昆明见到老先生时他精神矍铄的样子：雪白的头发、黄色的 T 恤衫、卡其色休闲裤，黑色的双肩包里装满了在昆明停留期间所需的朋友们的联系方式、各种相关文件，以及两年前开始固定放在夹层里的瑞士和中国联系人的电话、瑞士医生开的处方药的名字。

初识赫尔穆特时，我还是中学生。印象中他是因特拉肯中学严肃的校长大人。初到瑞士，我忙于学习，周末经常在阿尔道家见到赫尔穆特，那时他像是我的德语老师，总在纠正我的发音和语法。等我和先生回国前，邀请他到昆明参加我们的婚礼。当他得知婚礼的时间后，不假思索就说道："谢谢你们的邀请，我一定去参加。6 月 6 日是星期二，我会提前一天从美国赶到昆明，8 号我要飞慕尼黑，9 号是世界杯开幕式，我已经订好了票。"不出所料，赫尔穆特对日程的安排还是一如既往的认真和精确，半年，甚至是一年后的日程安排他都了然于胸。

最近几年，退休后的赫尔穆特一方面努力促进北京、上海和黄山的中学继续与因特拉肯中学进行师生交流活动，一方面积极推进昆明的中学生交换项目。身为瑞士瑞中协会副主席，他不辞辛苦，几乎每年两次访问昆明。从一开始的陌生，到如今成为昆明的老朋友，老先生用真诚、务实、高效的作风打动了昆明的老师们。每次座谈甫始，赫尔穆特的开场白都会令在座的老师们莞尔："我知道，在中国再次见面时要问候对方的健康状况、家庭近况。为了节约时间，我就开始介绍我此行的目的吧……"

2015 年春天，因特拉肯中学 33 名高中生在阿曼校长的带领下访问北京，参加该校与北京二中建立友好学校 30 周年庆祝活动。赫尔穆特建议代表团顺访云南。为使访问顺利进行，赫尔穆特去年两次专程飞到昆明，和我联系相关事宜。老先生联系好接待的学校，提前半年做好日程安排：给学校发去了瑞士学生的分组名单；落实好酒店，亲自试住；瑞士学生自由活动时间有可能就餐的餐厅，我们不是试吃，就是记录下菜品和酒水的名字及价格；前往大理的高速路上，赫尔穆特甚至研究好了沿途停车休息的加油站。所有这一切，他每晚都记录在案。

代表团访问云南非常成功。瑞士中学生不仅欣赏了中国西南边陲的多姿多彩的自然风光，更有机会接触了解了少数民族风情。阿曼校长在感谢赫尔穆特为此而作的努力时，不禁感慨："他是我当年的班主任。我很了解他。他一定是一边掐着秒表，一边做记录，落实每一个细节。"

赫尔穆特以他服兵役任团长时的作风，履行着代表团顾问的义务。有学生不慎迟到两分钟，必定会受到他的严厉批评；当学生们提出关于中国的问题时，他必定耐心解释。

天公不作美。代表团即将从大理返回昆明时，高速公路严重拥堵。为了不耽误接下来的行程，阿曼校长和赫尔穆特决定临时改乘飞机回昆明。在大理一家旅行社里，赫尔穆特坚持一份份核对机票上瑞士学生的信息。深夜 11 点，结束了自由活动的学生在回酒店的路上看到我们忙碌的身影，主动送来了赫尔穆特最爱的点心。在第二天赶往大理机场的大巴上，阿曼校长向学生们介绍了改签的情况，并解释道："因为我们四位成年人的机票是最后出票的，经济舱没有位子了，只好升舱。赫尔穆特和我建议把我们的位子换给这几天过生日的两位同学。"话音未落，大巴里响起孩子们的声音："老师，老师！"

行文至此，我的思绪不禁又飘回阿尔卑斯山中的小城。我问家中的父女二人："明年假期我们去看望赫尔穆特、伊丽莎白和阿尔道一家，好不好？"

人物篇

外交部长的家宴

王建邦

（中国前驻瑞士大使馆政务参赞，前驻阿尔及利亚大使）

瑞士联邦委员兼外交部长格拉贝尔 1974 年访华后不久，就邀请我们到他家做客。按照瑞士惯例，联邦委员一般不与使团相互宴请，对于这次异乎寻常的邀请，我们都作了认真准备，穿着正装前往赴宴。

出乎我们意料的是，外交部长的寓所居然是伯尔尼居民区的一套平常公寓。客厅、餐厅与厨房相互贯通，整体面积也不超过 40 平方米，但因房间装饰简约，没有太多陈设，因而显得宽敞明亮。格拉贝尔夫妇也是身穿素净淡雅的家居衣着。他让我们也不拘礼仪，宽松衣服，随意入座。格拉贝尔告诉我们，他家住在洛桑，在首都任职期间，联邦政府并不提供官邸，也无任何补贴，他们夫妇就租用这套民房，平时寓居，周末回洛桑度假。他举行此次家宴，为的是让大家多一份亲切，少一份客套，以便在宽松、友好的气氛中度过愉快的时光。

宴会的菜肴并不丰盛，但别具特色。除了蔬菜沙拉之外，主菜就是瑞士风味的"烤奶酪"（Raclette）。我虽在瑞士工作多年，但还是首次品尝。格拉贝尔向我们详细说明了这道名菜的来历。他说，瑞士牧民常年在山区放牧，经常将奶酪烘烤融化，与面包同食。由于它味道浓郁醇香，营养丰富，因而受到瑞士人的青睐，成为寻常百姓家的一道美食。即使在其他邻国，也是名声遐迩。他在作这番介绍时，脸上露出得意的笑容。

宴会开始时，格拉贝尔夫妇按照瑞士习俗，男主人亲自下厨烘烤，女主人则以娴熟的动作将融化的奶酪一份份送上

餐桌。奶酪香与酒香融合在一起，弥漫全屋。格拉贝尔在餐桌上也是开怀畅饮，畅叙访华观感。此人虽不是资深外交家，但深谙国际局势，是瑞士开放政策的倡导者与执行者，并为此策划出一系列具有前瞻性的举措，以开拓瑞士的对外联系。为了政治上借重中国，拓展中瑞贸易，他开创了瑞士国家领导人访华的先河，受到中方高规格的接待。姬鹏飞外长亲赴机场迎接，与他进行了深入细致的会谈。邓小平副总理还两次予以接见，深入交谈了发展两国关系的设想。格拉贝尔对小平同志的高瞻远瞩和励精图治的宏伟气魄盛赞不已。他还满怀激情地叙述了在华的所见所闻，喜悦之情溢于言表。当我们举杯祝贺他访华成功时，他说，这次访华非常满意，是他外访中最成功的一次。说到此处，他突然话锋一转，半愠半笑地说：“你们的接待人员竟然说我是‘酒鬼’，让我十分尴尬。”看到我们面带诧异，遂又笑嘻嘻地说，这是翻译的一个错误，把“酒仙”译成了“酒鬼”，引发大家哄堂大笑。

我们知道，格拉贝尔性格豪爽，幽默风趣，常常语出惊人。他这次也来一番幽默，无非是为了活跃气氛，增添聚会的乐趣。我们也借机告诉他"酒仙"是个美称，唐代大诗人李白就自称"酒仙"，文思敏捷，可以"斗酒诗百篇"。他立刻表示还要找机会访华，再当一次"酒仙"。

宴会尽欢而散。格拉贝尔夫妇把我们送到门口，一边握手，一边说道："这次是我们的一次'闭门外交'，但我的大门向你们敞开。你们在伯尔尼街头漫步时，随时可以过来敲门。"

在我的外交生涯中，参加过多次豪华的盛宴，但在脑海里多是一掠而过，唯有这次平平淡淡、亲亲切切的家常聚会，却感到了一种特殊的味道。我把它记录下来，作为中瑞友好关系的一段佳话。

难忘的友谊

戴预璋

（中国记协国际部前副主任）

  在纪念中国与瑞士建交 65 周年的日子里，我脑海中常涌现出许多我在中华全国新闻工作者协会（简称"中国记协"）工作期间结交的瑞士朋友，有的交往了 20 多年。我 60 岁退休后，同他们还一直保持联系。他们对友情的珍视，令我十分感动和难忘。下面，我介绍一些与几位瑞士朋友交往的故事。

  前瑞士驻华大使周铎勉先生（M. Dominique Dreyer）1980 年曾陪同中国记协的中国新闻代表团在瑞士访问，当时我是代表团的法语翻译，他是瑞士外交部年轻的外交官，我们结下了友谊。没想到，后来他多次被派到瑞士驻华使馆任外交官：1984 年任文化参赞，后来又担任公使，1999 年任大使，2004 年离任回国。在这期间，我们经常来往。他曾推荐我参加中央电视台《正大综艺》的一期介绍瑞士的节目。1998 年我退休后，仍经常被邀请参加瑞士大使馆举办的活动。每逢过年，我都会收到使馆寄给我的一盒精美的瑞士巧克力。

  如今，周铎勉先生也退休了。他在华工作多年，对中瑞两国友好关系的发展作出了很大贡献。

  1986 年，我又随一个中国新闻代表团第二次访问瑞士。瑞方全程陪同访问的是外交部的芭蕬吉夫人（Mme. Danielle Pasquier），她后来也随一个由我会接待的瑞士记者团来华访问，正巧我担任陪团兼翻译。我们成了很好的朋友。直至今日，我们都互相通信问候。她比我大几岁，身材高大，性格活泼开朗，一直独居未婚。1995 年，我随记协一个新闻代表团

访问波兰和阿尔巴尼亚，其中有一段路程要经瑞士苏黎世机场转机。到苏黎世后，我想起这位瑞士朋友，于是就在机场给芭蕬吉夫人打了个电话，主要是问候一下。但她知道我们在机场会停留几小时后，坚持要到机场见我。她居然从她住的城市赶到苏黎世机场，陪同我们代表团一行四人在苏黎世附近观光，并花钱请我们吃了一顿西餐，我们大家都很感动。

最近两年，她写信给我说，她年事已高，经常有病。我衷心祝愿她健康长寿！

梅芙丽和康波狄夫妇（Meuwly-Campiotti）1982 年至1985 年是瑞士《24 小时》报社常驻北京的记者。他们的家乡是法语区的洛桑市。他们经常参加中国记协组织的活动。我们在交往时讲法语，慢慢成了好朋友。她们常说很爱中国，离任后，还经常来华采访或旅游。康波狄去四川爬过峨眉山，汶川大地震后去过都江堰。他们只要到北京，都和我联系，相约见面。有时也请别的朋友，包括以前她们的翻译和保姆一起聚会，还给大家带来一些礼物，可见她们对友情的珍重。她们有一个女儿，在北京时还很小，后来上大学时学医，成了一名精神科大夫。

离开《24 小时》报社后，他们到《时代》报社工作，并常驻美国几年。2001 年，她们在纽约赶上了 9 月 11 日美国世贸中心双子塔楼被炸毁的事件。当时他们就住在世贸中心附近。我收到过他们从美国发给我的信件，介绍他们在美国的工作和生活情况，特别是"9·11"事件给他们的工作带来的忙碌。不幸的是，梅芙丽夫人因患白血病于 2010 年去世了，而我丈夫也在 2011 年去世。此后，康波狄先生和我常通信，互致安慰与鼓励。2013 年，他又来中国采访，在上海给我打了个电话，说他路过北京时会前来看我。到北京后，他终于找到我家，探望了我这位已 76 岁的老朋友。在这之后的通信中，

戴预璋（左）与芭蕬吉夫人合影，1995 年。

我知道他仍在勤奋地工作着。我衷心地祝他健康、快乐！

此外，我特别想介绍的朋友是一位瑞士的老报人马赛尔·巴士先生（M. Marcel A. Pasche）。我们只有一面之交，但友谊却延续了近十年。1980 年，"文革"后中国记协恢复活动，应邀派出第一个新闻代表团访问瑞士和比利时。代表团共六人，我是法语翻译。代表团访问瑞士的第一站是洛桑市的《24 小时》报社，出面接待的主要负责人是《24 小时》的创始人、瑞士法语新闻出版集团（Edipresse）副总经理马赛尔·巴士先生。他看起来 50 岁上下，很热情。我记得他是同我行拥抱贴面礼的第一个外国人。那是我第一次出国，对这种礼节还很不习惯，但从此也给我留下了深刻的记忆。

90 年代起，中国记协国际部建立了每年分发贺年卡的制度，即每年新年都向驻京记者以及出访和接待来访中结交的新老朋友发送贺年卡，以加深友谊和联络感情。我当然不会忘记这位行贴面礼的巴士先生。我在给他发的贺年卡上附言，问他是否还记得我们。不久，我收到他回复的贺卡，上面写道："你的贺年卡吸引了我极大的关注。我记得你和你们中国代表团在洛桑的逗留。也许有一天，我会请你担任我访问北京的向导呢！"从此，我们建立了联系，每年都交换贺年卡，互致新年的美好祝愿。

有一次，他寄来了他和三个小孙子在一起的照片，其中有一个两三岁的小男孩长得很像中国人。他在信中写道："你一定很高兴知道，我的女儿和一位美籍华人结了婚。我现在已有了一个非常活泼可爱的欧亚裔小外孙！"他的女婿是华人，难怪他在信中签名的下边盖了一个中文"巴士"印章，所以我把他的名字译为"巴士"。

此后几年，我每年收到一本他寄来的挂历。那是一种纸张

很厚、方形的、上面印有各种动物或风景的油画或照片的精致挂历。许多见过的同志都非常欣赏。原来,他退休后又创办了一个名叫《阿尼曼》(Animan)的杂志社。

2001 年,我突然收到一封很厚的信件,里面夹有许多报刊的剪报。原来巴士先生被法国总统希拉克授予骑士勋章,表彰他为法语新闻出版业在世界各地所作的贡献。从这些剪报中,我了解到巴士先生 1931 年出生,17 岁就从事新闻工作,从《体育周刊》的记者做起。他一辈子忠于新闻事业,开拓进取,被赞为"无私无畏的勇士"。他所领导的法语新闻出版集团在瑞士创办了如《日内瓦论坛报》《晨报》《24 小时》等知名的法语报刊,还通过多种形式到世界许多国家去办报纸和杂志,如法国、阿尔及利亚、扎伊尔(今刚果民主共和国)、西班牙、葡萄牙、波兰、罗马尼亚、希腊等国。简报中还附有 2001 年 9 月 6 日法国驻瑞士大使给他佩戴勋章的照片,我看后真为他感到骄傲。

又过了两年，我突然没有了巴士先生的消息，寄给他的贺年卡也没收到回复，也没有了挂历。我当时很纳闷，但我的贺年卡还是照常寄出。最后，在2005年12月，我收到一封来自《阿尼曼》杂志社的信件，上面写道："夫人，我非常遗憾地告诉你，马赛尔·巴士先生已于2004年12月8日因患癌症不治去世。作为杂志社的继承人，我不得不打开你给巴士先生的信件，不得不通知你这个不幸的消息。……"

　　收到信后，我的心情久久不能平静。我深深地怀念这位与我只有一面之交，但友谊却延续了近十年的瑞士资深老报人。

　　安息吧！巴士先生！

远方的思念

——回忆与瑞士驻华大使周铎勉的友好交往

关呈远

（中国外交部西欧司原司长，前驻欧盟和比利时大使）

　　瑞士是我外交生涯中第一个常驻的国家，也是我在外交部工作期间经常打交道的对象，自然结识了不少朋友，令我至今念念不忘。但我印象最为深刻的是瑞士驻中国特命全权大使 Dominique Dreyer，中文名字叫周铎勉。这首先因为，周铎勉是一位真正了解和热爱中国的瑞士人，是一位为中瑞互利合作和两国人民交往倾注大量心血的友好使者，令我非常敬佩。其次是许多美好的巧合把我们联系在一起：我们是同年出生（1945 年），同年进入外交界（1972 年）。我于 1978 年到中国驻瑞士大使馆工作时与他相识，从此结下不解之缘：我于 1984 年回国，他于同年被任命为瑞士驻华使馆参赞；1992 年我被派到中国驻法国使馆工作，同期他也被调到瑞士驻法国使馆任职；1996 年我回国任外交部西欧司副司长，他又来到中国任驻华使馆公使；1999 年我升任西欧司司长，他也升任瑞士驻华大使。……外交职业本来是漂泊四海，像我们这样机缘巧合者真不多见，这也使我们比别人有更多的接触，也有比别人更多的相互了解和长远友谊。

相识伯尔尼

　　我与周铎勉首度相逢是 1978 年在中国驻瑞士使馆的一次宴会上。那时，我刚刚到瑞士首都伯尔尼不久，任李云川大使的礼宾秘书兼法文翻译。李大使是一位德高望重的老革命，虽然不懂外语，对外交往需要翻译，但他政策水平和外交艺术高超，工作做得有声有色。中瑞两国关系在他的任内得到全面深入发展，瑞士政经各界朋友特别是高层人士经常是我使馆的座上客。

那天，正好是宴请外交国务秘书，他是瑞士外交部二把手，李大使非常重视，反复嘱咐我做好翻译准备。宾主落座后，李大使首先致欢迎辞，高度评价中瑞关系以及外交国秘本人对此所作的重要贡献，声情并茂，文采飞扬。他讲一段我翻译一段，完整准确地表达了大使的心意。客人们对李大使的讲话频频点头称是，不时露出会心的微笑，最后报以热烈的掌声。接下来，瑞士外交国秘致答词，他也许是出于激动，长篇大论一气呵成，中间还夹带几句瑞士德语。我顿时感到有些紧张。但正当我要开始翻译时，国秘先生却示意要我休息，由坐在他身边的助手来翻译。我定神一看，这位瑞士人年纪与我相仿，面庞清秀，目光沉稳，一开口就令在座的中国人为之赞叹，因为他的汉

关呈远为李云川大使（中）作翻译。

语不仅通顺流利，而且用词准确优雅，国秘先生的长篇讲话他基本完整译出，足见其记忆力之好。我看了看他的座位卡，上面的外文是 Dominique Dreyer，中文名字却是中国味十足：周铎勉。

作为翻译同行，我对他产生了浓厚的兴趣。在私下交谈中了解到，我们俩恰巧都是 1945 年出生，又都是在 1972 年开始从事外交工作，都爱好文学和艺术。他告诉我，中国古典四大名著他都读过，尤其喜欢《红楼梦》；他也涉猎过经史子集，对《论语》和《道德经》最为推崇。此外，他还学习了中国的书法，甚至醉心于中国的古琴。会讲汉语的外国人我已见过不少，但像周铎勉这样全面了解和热爱中国历史文化的外国人真的为数不多。当我称赞他是真正的"中国通"时，他非常谦虚地说还不够，还要继续努力。他的这种谦和态度，更增加了我对他的好感。

此后，我们经常在各种外交场合见面，有时还就中法文的翻译问题相互切磋，难忘的友谊由此结成。

再会于北京

我在瑞士工作六年之后，于 1984 年奉调回国。本来以为此时与周铎勉一别，今后将很难再见，没想到他也于当年来到北京，任瑞士驻华使馆参赞。当时我任外交部西欧司综合处副处长，主管的是与瑞士无关的欧共体事务。但无巧不成书，我的夫人胡祖桢却被安排专门负责对瑞士工作。于是，我们与周铎勉又有了更多接触的机会——当然，我经常是作为"配偶"出席有关活动。这倒使我与周铎勉之间的交谈更加轻松、更少拘束，因为我们可以"不谈正事"。

每次到他家里做客，彼此都情不自禁地回忆起在伯尔尼的愉快往事。我们也经常讨论翻译问题，比如瑞士首都名音译为伯尔尼，何不直接按意译翻成"熊城"更能体现历史渊源，更何况至今市中心还有一个硕大的"狗熊洞"？再比如伯尔尼南郊有一座山，那是一个攀登休闲的好去处，以音译名叫"古尔腾山"，但中国使馆的人却叫它"狗登山"，虽貌似不雅，然而好记也不失诙谐。我们常常从瑞士的四种语言谈到中国的诸多方言，说到开心处不禁放声大笑。我们也会回首共同促成的钟表、精密仪器、农牧业等领域的合作项目，其中不止一次地提到，当年中国从瑞士引进200头西门塔尔优质奶牛，在把它们送上飞往中国的专机时，它们的主人专程前往送行，而且眼泪汪汪，依依惜别，几年后还提出希望来中国"探亲"，看看这些奶牛在新家园里生活得是否幸福……

周铎勉有时会主动对中国的改革开放提出一些看法和建议，特别是有关法规要与世界接轨的问题，他的观察相当细致，评论颇有针对性，态度也很诚恳友善。他也曾问我如何才能更进一步地了解中国，我则建议他不要总是待在北京，而应到各省市去参观访问，这样不仅可以深入了解中国的文化和历史传统以及各民族不同的风俗习惯，而且可以了解中国在各领域的需求，扩大中瑞两国的互利合作，为瑞士产品和技术打开新的市场。对这些，他听得非常认真，强调我们的想法不谋而合。

在这段岁月里，我们的友好交往进一步深化，可以用两个字来形容，那就是："真诚"。

重逢在巴黎

1992年，我被派驻法国，任中国大使馆参赞，我的夫人

关呈远夫妇在瑞士。

胡祖桢任大使秘书，后为使馆办公室负责人。有一次，在某国家使馆的国庆招待会上，我们在熙熙攘攘的人群中发现了一个熟悉的身影，我俩几乎同时脱口而出：那不是周铎勉先生吗？就近一看，果然是他，就是他！我们都感到喜出望外，彼此热烈握手，互致问候。交谈中得知，他现任瑞士驻法国使馆公使，而且已经与一位日本女子喜结连理。我们连忙向他表示由衷的祝贺，他则热情地邀请我们去他的新居做客。

几天后，我们应约驱车到他的官邸共进晚餐。他的住处位于巴黎塞纳河畔，是一套宽敞的豪华公寓。我们抵达时，他和新婚夫人已在门口迎候，彼此热情握手拥抱，然后步入古色古香的客厅。从阳台的窗户向外望去，塞纳河的美丽夜景尽收眼底，沿岸楼宇灯火辉煌，河面上游艇往来穿梭，水波粼粼，涛声隐隐。室内陈设都是法式古典家具，但到处充满中国情结。书架上满是中文书籍，一张古琴摆在茶几前。他的夫人是典型的日本淑女，取了一个很有诗意的名字：三井圆子。她的妹妹名字也很好听：三井叶子。圆子的法文非常流利，汉语说得也不错。我们聊天时偶尔用法语，更多用汉语。谈起他们的恋爱史，原来他们是在巴黎邂逅相识，一见钟情，遂成眷属，而会讲包括中文在内的多种语言也是其中因素之一。我们送给他们中国产的丝巾、领带和首饰盒作为新婚礼物，祝他们幸福美满，他们夫妇都很喜欢，一再表示感谢。晚饭开席，从头到尾都是地道的中国菜。更有意思的是，晚饭后他把厨师介绍给我们，孰知一见面，竟是老熟人：原来他把在北京工作时录用的郝师傅带到了巴黎。虽然主要是因为郝师傅的手艺和人品好，但周铎勉对中餐的喜爱由此可见一斑。

美丽的夜景、丰盛的晚餐、愉快的交谈，巴黎的这一友好聚会永远铭记在我的心中。

惜别情依旧

　　1996年，我回到北京任外交部西欧司副司长，而周铎勉比我早几个月又被调到中国任公使。巧合还不止于此：三年之后，他升任瑞士驻华大使，而我也几乎同时升任司长。在这段时间里，我们之间工作上的联系很多。瑞士是最早同新中国建交的西方国家之一，两国关系一直稳定向前发展。随着中国改革开放的进程，中瑞合作更加广泛和深入。周铎勉作为瑞士驻华使节多方推动，使两国在政治、经贸、科技、文化、教育领域的合作取得丰硕成果。特别是中国国家主席江泽民对瑞士进行正式访问时，他做了大量准备工作，我们之间的配合密切而且卓有成效。即便是遇到问题，也总是从善意的角度共同寻找解决办法。记得有一次，他奉命来向我提出交涉，因为中国医院救护车的标志是红底白十字，与瑞士国旗相似，瑞士国内有人提出了意见，希望中方修改。对他代表瑞士所作的交涉，我一方面应允向上级报告并向有关方面转达，同时也作了必要的

1999年3月，江泽民主席访问瑞士，瑞士联邦主席德莱富斯女士到机场迎接。这是中瑞建交以来中国国家元首首次对瑞士进行国事访问。

解释和澄清，说明有关标志与瑞士国旗并不雷同。周铎勉表示理解，但建议中方再作些努力以示区别，以免瑞士人误解。

后来，这一问题经过技术处理，达成了双方都接受的结果。现在，每当我看见加了花边的救护车标志时，就会想起周铎勉，想起我们之间的外交活动，也就更加坚定了我的这种信念：如果彼此都从善意出发，任何问题都是不难解决的。

外交也和军队一样，是铁打的营盘流水的兵。外交官在一个国家里工作几年之后，总是要离任的。周铎勉在驻华大使任上工作了不到三年，随后奉调出使印度。即将离任时，他邀请我和夫人以及外交部的不少同事到他的官邸小聚，专门邀请极负盛名的小提琴家盛中国夫妇为大家演奏《梁祝》。我不知道别人是怎么想的，但我心里清楚，他是在为即将离开中国、即将告别他熟悉的国度和众多朋友而忧伤，我也为即将同这位杰出的大使和真诚的友人天各一方而难过。这次依依惜别的一幕令我至今难以忘怀。

不久之后，我也被调任中国驻欧盟使团团长兼驻比利时大使，从此与周铎勉再未谋面。白驹过隙，岁月如梭。如今，我和周铎勉先生都已步入古稀之年。几十年的友谊令我不禁常常叨念：周铎勉先生，你还好吗？

在庆祝中瑞建交 65 周年之际，谨以此文表达我对老朋友周铎勉先生的无限思念，并祝愿中瑞友谊与日俱增！

使馆的贵族邻居

赵黎莉

（中国驻瑞士大使馆前外交官）

我于 1972 年至 1979 年在中国驻瑞士大使馆工作。

在瑞士首都伯尔尼市中心东南方向的一个著名的别墅区内，有一条名为卡尔亥格路（Kalcheggweg）的幽静的、东西走向的街道。中国大使馆就坐落在这条路的 10 号院内。走进黑黝黝的铸铁大门，展现在眼前的是一个长方形的不太大的院落。院内长着美丽的红枫、树冠硕大的毛栗和核桃树。在大门西南侧，院落的正前方是一栋坐北朝南的漂亮的别墅，这是使馆主楼。主楼一层是宴会厅和几个大小不等的会客室。宴会厅外面有一个宽大的阳台。到了阳台上，才发现原来主楼是建造在山坡上的。从阳台居高放眼望去，可以看见周围错落有致、形态各异的建筑和远处美丽壮观、绵延不断的山峦。阳台下面是一片由高及低缓缓展开的、绿茵茵的、修葺齐整的大草坪。草坪上有一些苹果树和一棵木梨树。从阳台东侧或西侧逐级而下，沿着一条依地势而修筑的石径，便可环草坪一周从阳台的另一侧走上来。草坪的南端是一个不大的球场，再过去就是使馆的后门了。顺着草坪东侧的小路旁树立着一排铁丝网，紧靠铁丝网是一排郁郁葱葱但不甚茂密的灌木，这便是使馆的东围墙。围墙另一边是邻居家的后花园。

很长时间里，我并不认识这家邻居。只是在小径上散步时，有时会透过树间缝隙瞥见一位妇人在另一侧的花园里忙碌着。偶尔，两人的目光交汇，我们会相互微笑，点头致意，仅此而已。直到有一次随李云川大使夫妇去邻居家拜访，我才得以走进那栋坐落在使馆东侧的深灰色、古老而气派的别墅，并有幸与其女主人近距离接触。

别墅女主人的名字叫冯·施泰格尔（von Steger）。乍一听到这个名字，我脑子里一闪：瑞士人凡姓氏中间带有 de 或 von 字样的人，多半都是古代贵族的后裔。冯·施泰格尔夫人该不会也是贵族的后裔吧？

那天，冯·施泰格尔夫人在别墅门口笑容可掬地迎接李云川大使夫妇。在她的引领下，我们步入大厅。落座后，我环顾四周，大厅里灯光稍许有些昏暗，却十分柔和。精心放置的家具古朴典雅，垂感极好的落地窗帘花色传统，再加上色泽搭配得恰到好处的布艺，大厅整体给人以凝重和温馨的感觉。我暗地里由衷地赞赏女主人对色彩和家居装饰的独特品位。最令人感到震惊的是，在大厅和通往二楼的楼梯旁的墙壁上挂了许多人物肖像油画。画中人物身着上个世纪乃至 18 世纪的华丽的宫廷服装，发型极为考究。冯·施泰格尔夫人介绍说，油画里的人物都是她们家的祖辈、曾祖辈甚至更高辈分的亲人。她的话验证了我的猜想，果然，她是地道的贵族后裔。

冯·施泰格尔夫人时年 70 岁左右，身板笔直，慈眉善目，文质彬彬。她为我们端来亲手准备的浓香的咖啡和各色小点心后，优雅地在李大使夫妇侧面的沙发上坐下。她说，她非常高兴大使夫妇能到她家拜访。大使说：多年来与夫人为邻，彼此间友好相处，互相关照，我们对有夫人这样的邻居感到高兴。冯·施泰格尔夫人表示，能成为中国大使馆的近邻，她深感荣幸。她说，她喜欢旅游，更偏爱乘坐邮轮周游世界。她去过许多国家，但可惜还没去过中国。大使介绍说，中国是一个有着古老文明的国家，同时也是一个欣欣向荣、发展潜力巨大的社会主义国家，欢迎夫人有机会去中国观光旅游。冯·施泰格尔夫人说非

常希望多了解一些中国的历史和文化，表示以后若有机会一定去中国观光。告别时，李云川大使夫妇和冯·施泰格尔夫人均表示，今后相互之间要继续保持友好，进一步加强联系。

在以后的岁月里，冯·施泰格尔夫人和使馆一直保持着友好、密切的关系。每年她生日时，使馆会送她一只她最喜欢吃的香喷喷的烤鸭以示祝贺。逢年过节，大使夫妇还会邀请她到使馆做客。有时，她也邀请使馆的朋友到她家小坐。

冯·施泰格尔夫人做事有条有理，计划性很强。无论大事小情，只要是计划好了的、事先约好的，就一定准确地、一丝不苟地按计划去办理。

冯·施泰格尔夫人崇尚精致、健康、自然的生活。她极爱清洁，家里永远保持窗明几净，一尘不染。所有的东西都整齐地归类放置。她在着装上十分讲究。在家休息、做家务、在园子里劳动、外出旅游、参加宴会，不同的场合她会穿出不同的服装。她所有的服装都异常平整、干净，任何服装穿到她身上都显得十分高雅，这大概是她特有的气质决定的吧。她手不释卷，酷爱读书，每天都会安排时间阅读自己喜爱的书籍和杂志。除此之外，她还会利用空闲时间与朋友们聚一聚，聊一聊或在后花园种花、锄草，生活安排得丰富多彩。

冯·施泰格尔夫人为人低调，待人随和。她目光真诚谦和，说话语气平和，语速舒缓。与其交谈令人感到轻松愉快。随着交往的增多，我们之间的话题越来越广泛。冯·施泰格尔夫人阅历深、见识广，旅游中的趣闻、子女教育、风土人情，包括时政都可能是谈话的主题。

冯·施泰格尔夫人是个思想上比较传统的人。她说瑞士人比较保守和传统，对恋爱和婚姻的态度非常严肃。因为对于传统的基督教思想来说，恋爱就是为了结婚、生子，逢场作戏式的恋爱态度和结婚后说离就离的现象是根本无法被接受和容忍的。冯·施泰格尔夫人有一个女儿和两个外孙。两个外孙在寄宿制学校读书。她说在 60 年代女儿成年之前，她从未允许其在外面过夜，严格要求她一定要按时回家。

冯·施泰格尔夫人最可爱之处，是她心地坦荡、率真，毫不做作。秋天，瓜果成熟的季节，像往年一样，使馆草坪上熟透了的梨和苹果开始往地上掉。这些果树的品种不是很好。砍倒再种其他果树吧，瑞士又有不能随意砍伐树木的规定。所以，一直以来，我们任由这些树年复一年地从春到秋，从抽叶、开花到结果。果实熟透后，从树上掉到草坪上，最后化作腐殖质，成为滋养土壤的上好有机肥。作为使馆的老邻居，冯·施泰格尔夫人当然熟知这一情况。我想她可能早就为如此多的水果就这样烂在地里感到可惜了。就在这年秋季的一天，我在小路上散步，夫人走到围墙边招呼我。她微笑着问能否把掉在地上的水果给她一些，她拿去做果酱。我痛快地答应了，把捡起的苹果装了一大袋给她。她非常高兴地说，做果酱是她的绝活，做好了会拿一些让我们尝尝。过了一段时间，有一天，我正在使馆传达室值班，冯·施泰格尔夫人来了。她手里拎着一个包，包里装着几瓶果酱。她再次感谢我送她苹果，并请我向大使转送她精心制作的果酱。大使让把果酱交给厨师，早餐时端出来让大家品尝，果然好吃。

冯·施泰格尔夫人还是一个忠诚、大度、仗义，对友谊执着的重情重义之人。我于1979年离开使馆。后来听说，80年代初使馆扩建，准备在草坪南端的球场上建一座二层楼房。根据当地规定，使馆在准备盖楼的地方树起一个标杆以征求周围邻居的意见。据说邻居中如有一家不同意，房子就盖不成。冯·施泰格尔夫人作为我们的近邻，在这个问题上也面临抉择。她在经过一段时间的考虑后说："多年来我已适应和习惯了周边的环境，冷不丁附近多出一栋楼房，我从心理上是不能接受的。但请你们放心，我不会在反对书上签字，因为我们是朋友。作为朋友不应该那样做。"

听说这件事，我内心非常震撼。为了友谊，冯·施泰格尔夫人竟作出了违心的选择。这在极其注重个性的西方社会里是很难想象的。

冯·施泰格尔夫人是我接触的第一位西方贵族后裔。虽然历史的变迁使她不再拥有贵族身份，但从她身上，从她接人待物的态度及言谈举止上，我仍真切地感受到一种高贵气质的自然流露。那是一种源自数代积淀和长期个人修养而形成的内在的东西。如今，我离开驻瑞士使馆已经36年，对当时的很多人和事印象都已淡化，然而对我们的邻居冯·施泰格尔夫人，尤其对她身上随时随处都能感受到的那种特有魅力，始终难以忘怀。

忆几位瑞士朋友

王 维

（瑞中协会副主席，瑞士 Grueber 股份公司合作人）

"老瓦"——瑞中协会主席托马斯·瓦格纳博士

托马斯·瓦格纳博士是一位以浓墨重彩书写着瑞中友好交往史的人物。他曾多年担任瑞士苏黎世的副市长、市长，瑞士外交政策协会主席等职，自 2000 年起出任瑞中协会主席至今。

1982 年，瑞士苏黎世市与中国昆明市缔结友好城市关系，时任苏黎世市长瓦格纳博士是这一友城关系的创建人之一。从那时起，他便与中国结下了不解之缘。担任苏黎世政府领导期间，他不遗余力地推进苏黎世与昆明在文化、城市供排水、城市发展、公共交通、环境保护、经济贸易等诸多领域的交往合作，取得了大量成果。成为瑞中协会主席之后，他更是致力于促进瑞中两国在各个领域和各个层面上的友好交往和务实合作。在他的大力推动下，苏黎世州与重庆市结为友好州市，瑞士的许多官方机构和私人企业也纷纷与中国建立并深入交流合作关系，友谊之花绚丽绽放。

在瓦格纳博士担任瑞中协会主席之后不久，我也有幸当选协会的副主席，在一起工作的机会多了起来。他总想多为两国的交往合作做些事情，因此工作极为勤奋、投入。有一次，我接连收到他的两三封邮件，一看发送时间，竟然都是凌晨 4

点多钟，而他当时本人在瑞士，并没有时差因素。我大吃一惊，连忙在回复中表示感谢。但后来，多次收到他凌晨四五点或者夜间十一二点发出的邮件，我也就不再大惊小怪了，但心中的感慨未曾稍减。

每次接待来自中国的代表团，他总是亲自统筹安排相关的日程。事无巨细，他都要安排妥帖，连就餐的菜单都亲自敲定，并嘱咐餐厅方面，中国客人不喜欢吃带血的肉，做菜时少放奶油，等等，尽量照顾中国客人的口味。代表团到达瑞士后，他会尽可能像"全陪"一样陪同访问。其实每项日程都已经安排妥当了，并且有瑞中协会其他副主席陪同，他真的不必全程陪同。但他这样做确实是发自内心的，其他人再劝阻、谢绝都没有用。有一次，一个中国代表团访问苏黎世、伯尔尼和日内瓦等地。在苏黎世和伯尔尼，瓦格纳主席都几乎全程陪同。在伯尔尼的日程结束后，代表团当天下午前往西南方的日内瓦，而瓦格纳主席则必须向东返回苏黎世，因为第二天早上他要在苏黎世主持一个非常重要的会议。但他坚持在开完会后以最快的方式赶到日内瓦，与代表团会合。大家都劝他不要这样辛苦奔波，反正在日内瓦的活动只有一天，之后代表团也要返回苏黎世。面对大家的好意，他客气而坚决地谢绝了。第二天，在苏黎世的会议结束后，为了节约时间，他居然自费搭乘瑞航的飞机从苏黎世飞到日内瓦，中午时分从机场乘坐出租车赶到代表团的活动地点。当天傍晚，他又与大家一起乘车返回了苏黎世。代表团的客人们十分过意不去，连连向他致谢，他笑答："这样很好呀，不然我在日内瓦住一晚，还要带上过夜的行李呢！"

2004年，瑞中协会邀请中国驻瑞士大使馆和驻苏黎世总领事馆的部分外交官们访问格劳宾登州的水电站等地。瓦格纳主席亲自安排并陪同，一路上大家欢声笑语不断，兴致都非常高。在路上，瓦格纳主席即兴邀请大家顺路到他的度假别墅小憩。我们好奇地进入别墅参观。在门厅里十分醒目的位置，悬挂着两块中国风格的木雕作品，如同中国传统建筑上的木质窗雕。看到我们兴趣浓厚，瓦格纳主席自豪地介绍说，这是他特意从云南省剑川县买回的，因为剑川木雕驰名天下，连人民大会堂里都有剑川的木雕作品呢！

近年来，他也十分关注中国的环保事业发展，特别是水环境的治理。在他的领导下，瑞士水务公司与昆明市开展了"湖清水秀"项目，为治理滇池的水质而努力。无论在中国还是在瑞士，只要看到河流或者湖泊，他就都会情不自禁地谈起治理、

保护水资源的重要性。见到中国客人赞叹风景秀美、水质清澈的苏黎世湖，他总是说：瑞士的河流湖泊在上世纪六七十年代也曾经遭受极其严重的污染，水质恶劣，但是，经过多年努力，特别是投资建设了污水收集管网和污水处理厂之后，瑞士的水体重新变得这样清洁了，所以中国只要朝这个方向努力，总有恢复水质的那一天的！

访问中国 100 余次、足迹遍及大江南北的瓦格纳主席，在中国也结识了许多老朋友。与他比较熟的中国人都称他"老瓦"。对此，他也非常自豪，常常自我介绍说，他的中国名字叫"老瓦"！除了这个亲切的称号以外，中国人民对外友好协会还授予他"人民友好使者"的光荣称号，以表彰他为两国民间友好交往所作的积极贡献。同时，他也是中国昆明市和大连市的荣誉市民。

苏黎世市长柯琳·茅赫

茅赫（Corine Mauch）女士 2010 年当选苏黎世市长后，十分重视继续发展苏黎世与昆明的友好城市合作关系。

同一年，我陪同她率领的苏黎世代表团正式访问昆明，一路上聊起来，茅赫市长透露了一个"秘密"，原来她曾经在苏黎世大学的汉学系学过几个学期的中文呢。虽然此后多年没有使用，当年学的很多知识都已尘封在课本里，但是，她的中文发音显然受过严格的专业训练，念起汉语拼音来十分准确，毫无"洋腔洋调"。在昆明访问期间，她在交谈中有时也会使用一两个中文词语，令对方喜出望外。

2013 年春节前夕，昆明市政府提出，希望茅赫市长在苏黎世录制一段新年致辞，德语英语皆可，以便春节期间在昆明

苏黎世市长茅赫女士2010年在上海参观世博会。

的电视上向市民们播放来自友好城市市长的问候。茅赫市长立刻答应下来，并决定自己用中文发表新年致辞。到了录制的那一天，我们都满怀好奇，静悄悄地站在录制室里，只听到她在镜头前不疾不徐地用流畅的中文向昆明市民们送上新春祝福。录制结束后，我们都纷纷向她表示祝贺。她则坦率地承认，自己在录制之前每天晚上都要在家里大声朗读致辞的文稿，反复练习。她的小猫咪听惯了瑞士德语的语调，乍一听到抑扬顿挫的中文，还大惑不解地向主人"喵喵"叫呢。

　　昆明的朋友们后来说，这段录像在昆明的电视上播出之后，很多市民都惊喜异常，说没有想到友好城市苏黎世的市长还会讲中文。

　　茅赫市长在苏黎世经常骑自行车上下班。一次，苏黎世市政府在其"国宾馆"Muraltengut设晚宴欢迎来访的中国代表团，并请了相关人员作陪，由茅赫市长做东。我怕迟到，那天提前到了"国宾馆",和同样提前到达的其他客人在院子里聊天。过了一会儿,只见茅赫市长骑着自行车到来,然后熟练地将车子停放在墙角,准备主持宴会。许多人感到十分惊讶,茅赫市长笑着说,这辆自行车是她自己买的,她非常喜欢骑自行车,苏黎世也是座很适合骑车出行的宜居城市。

2014年秋,茅赫市长再次访问昆明。当时昆明在其"母亲河"——盘龙江畔刚刚修建了一条专门的自行车道,供广大市民使用。昆明市政府在访问日程中安排茅赫市长一行前去参观这条车道并骑车试行。看到日程中的这项安排后,茅赫市长非常高兴,充满期待。那天,恰逢风和日丽,秋高气爽。我们到达盘龙江边,昆明市规划院王学海院长介绍了盘龙江水质治理和沿岸景观整治项目后,大家登上准备好的自行车,在舒适的自行车道上一边骑行,一边感受盘龙江畔绿树成荫、鸟语花香的美好氛围,与昆明市民们一起体验这个就近休闲的绝佳去处。到达终点后,茅赫市长还意犹未尽,感叹时间太短,并再次表示她非常支持骑自行车这种既健康又低碳的出行方式。

瑞士 LEP 规划咨询股份公司董事、首席执行官迭哥·萨尔美隆

迭哥·萨尔美隆(Diego Salmeron)毕业于誉满天下的苏黎世联邦理工大学(ETH Zürich),曾长期在大学的空间与景观规划(IRL)研究所工作,负责研究所在中国开展的合作项目。后来,研究所的所长威利·施密特(Willy A. Schmid)教授和部分人员从大学分离出来,成立了大学的衍生公司——瑞士 LEP 规划咨询股份公司(LEP Consultants AG),施密特教

授成为董事长，迭哥·萨尔美隆则担任公司的董事和首席执行官。公司开展各个层面上的规划咨询工作，比如独立或与中国的合作伙伴共同完成了中国云南省昆明市域城镇体系规划、昆明市官渡区 2025 年空间发展战略、云南省滇中城镇群空间发展战略、云南省剑川县沙溪复兴工程、昆明滇池国际城市湿地公园等项目；此外，公司还从事专业培训、技术交流等各种业务活动。

从上世纪 90 年代就参与中国项目的迭哥·萨尔美隆，不仅精通业务，还能用中文进行日常对话，且性格十分开朗随和，是那种第一次见面就让人感到"自来熟"的朋友。无论中国人还是瑞士人，几乎人人都只叫他的名"迭哥"而不称姓氏。

2010 年上海世博会上，除了"瑞士馆"（Schweizer Pavillon）代表瑞士国家参展之外，瑞士的苏黎世、巴塞尔和日内瓦三座城市还联合建设了一座"瑞士城市馆"（Städtepavillon Zürich-Basel-Genf）。6 月初，苏黎世在这座城市馆中举办为期一周的"苏黎世周"，推广城市可持续发展的理念。瑞士方面由苏黎世市长茅赫女士率团主持相关活动，另外还有来自各方面的瑞士人，比如媒体、企业等各界人士参加，人数颇众，迭哥和我也在其中。迭哥在"苏黎世周"的报告会上向各界人士介绍了在中国开展的一些面向可持续发展的规划设计项目，引起了观众的广泛兴趣。

这期间的一天傍晚，瑞士驻上海总领馆在总领事官邸举行盛大招待会，邀请瑞士和中国的客人参加。近百名中瑞来宾们热烈交谈，熙熙攘攘，非常热闹。随着夜色渐浓，中外来宾陆续告辞，瑞士客人们也前后回到大巴上。由于参加的瑞士人实在太多，且有些人已经自行离开了，所以谁也搞不清到底还有多少人，大家只能凭记忆在大巴上大声呼喊："XY 上车了

2004 年 5 月，青岛，迭哥·萨尔美隆在中国—瑞士城市规划研讨会上发言。

吗？"　"上来了！"最后，没再有人从总领事官邸出来，估计差不多了，大巴载着我们返回酒店。行程过半，已经快到酒店的时候，车上一人忽然高声问："迭哥在车上吗？"众人四顾相望，才惊觉把他忘掉了。车到酒店，我们在大堂休息等候，忽见迭哥从外面匆匆奔入。原来，瑞士国家广播电台的一名记者在刚才的招待会上见缝插针，对迭哥进行录音采访，请他介绍与中国合作的经历和感想。因为需要安静的录音环境，所以找了一间空房间关起门来录制。等采访结束，开门一看，已经曲终人散，服务员正在收拾残局。总领事已准备休息，看到家中突然冒出两名还未走的客人，惊讶不已。两人连忙与主人仓促告别，打车赶回酒店。

　　一两天后，迭哥的父母在瑞士家中休息，习惯性地打开收音机，无意中听到播音员宣布："现在播出我们在上海对迭哥·萨尔美隆先生的专访！"毫不知情的两位老人兴奋不已，守在收音机前仔细听着爱子的每一句话，自豪之情自不待言。

大约 2011 年左右的一天下午，我正在苏黎世的办公室中工作，突然接到一个中国人打来的电话。他是迭哥几年前在中国开展一个合作项目时的中方合作伙伴，我也认识。原来，这位朋友有事来瑞士出差，不料昨天傍晚在日内瓦闹市区被一伙歹徒抢劫，相机、护照、钱包等均被洗劫一空，人也被打伤。今天上午，他去了中国驻瑞士大使馆，多亏使馆领事部的工作人员办事迅速，很快给他签发了身份证件。下午，他孤身一人从伯尔尼坐火车来到苏黎世，举目无亲。他只会简单的英语，不懂德语，导游之前给他订的酒店又在苏黎世市郊比较偏僻的地方，身上只剩一点零钱。虽然改了机票，明天就可以从苏黎世飞回北京，但是，骤然遇此变故，又远在异国他乡，心境可想而知。幸好他有我的电话号码，于是打电话问我，能否与迭哥见一面。我立刻与迭哥联系。迭哥本来在晚上有个重要的事情，但听我说了这件事后，连忙推掉了晚上的事，和我一起赶到这位朋友住的酒店。迭哥见到他，先是问候了几句，接着就邀请他和我们一起在附近吃晚饭。我们边吃边谈，听这位朋友讲事情经过。这位朋友感慨万分，连说这顿饭是他出事以来吃的第一顿正式的饭菜，这之前既无机会，亦无心情。迭哥不仅一直安慰他，还问他酒店费用以及第二天去机场的事情安排好没有，当听说都没有问题以后，才稍稍放了心。然后，迭哥又从钱包里拿出一些现金给这位朋友，以备应急之用。后者多次推让，但迭哥坚持让他拿上，他只好收下，心中十分感激。聊到大概晚上 10 点多钟，迭哥和我陪这位朋友回到酒店，等他锁好房间门才离开。几个月后，迭哥再次去中国的时候，这位朋友不仅把钱还给了他，为表心意，还亲自开车把迭哥从酒店送到开会地点，陪迭哥一路直到会议室里，几乎把他按到椅子里坐下才放心道别。

苏黎世方面负责苏黎世与昆明友好城市技术合作的联合项目领导人鲁道夫·鲍慕加特纳教授

鲁道夫·鲍慕加特纳（Rudolf Baumgartner）教授是享誉全球的瑞士苏黎世联邦理工大学的教授，多年来一直致力于与发展中国家开展发展合作。从 2011 年起，他与克里斯蒂娜·万德勒（Christina Wandeler）女士一起，共同担任苏黎世与昆明友城技术合作项目的苏方联合领导人（Co-Projektleiter）。

其实早在上世纪 70 年代，他就曾作为年轻的"领队"，带领瑞士游客访问过中国。当时中国尚处于"文革"时期，旅游团除了参观景点之外，也访问了工厂、学校、人民公社等，这也是那个年代的应有之义。所到之处，他拍摄了大量照片和幻灯片，如今已成为珍贵的历史资料，记录着那个特殊的历史

鲍慕加特纳教授（前排中）等 2013 年访问昆明。

时期。80 年代初，他应中国人民对外友好协会的邀请，再次访问中国。改革开放初期的中国，已经显露出许多新气象。等到他 2010 年再次踏上中国的土地时，翻天覆地的变化更是令他感慨万千。

2014 年的一天，鲍慕加特纳教授突然问我，知不知道中国有个"Fenghuo"村？他只知拼音名而不知中文写法。我瞪目不知所以，大脑则飞快地启动"联想模式"：丰获？封火？逢伙？片刻之后只得老实告诉他，以中国之大，村庄数量多如繁星，这个发音我实在猜不出来，请他想想有没有更多的线索。他说，这个村子在"Shanxi"省。我再次瞪然：陕西？山西？好在他马上接着说，村子应该离西安不太远，村名的意思是"报警用的烟火"。我恍然大悟，村名的中文应该是"烽火"。这就好办了。我上网查询了一番，才知道这座村子在"文革"时期大名鼎鼎，曾接待过时任美国总统卡特等多国政要。当时，外宾到了陕西，都要安排去这座村子访问。鲍慕加特纳教授告诉我，他当年也去过烽火村并拍摄过不少照片。现在，时隔多年，他很想故地重游。于是，我把村子的中文名称和一些相关信息收集给他，便于他安排行程。2014 年秋，他终于如愿以偿，从西安专程驱车前往烽火村。据他后来告诉我，他事先并未与村里任何人联系。到了村里，他凭借手中的老照片在街上询问当地人，居然找到了当年照片上的故人，还参观了村史博物馆，看到了卡特等政要参观烽火村的留影，重新回顾了那一段属于往昔的历史。

当然，鲍慕加特纳教授绝不是一个沉湎于旧日的人。在他和万德勒女士的领导下，苏黎世与昆明在城市规划、公共交通、城市排水和污水处理、历史保护等各个领域，正在开展面向未来的、务实的技术交流合作，其目标就是推动中国

鲍慕加特纳（右）与瑞士专家在昆明访问原"飞虎队"办公楼。

城市的可持续发展。为了让我们的未来更加美好，他默默奉献着自己的力量。

马丁·格吕贝尔走访医院工地

1995 年，我和先生马丁·格吕贝尔（Martin Grueber）一起到了北京，一方面看望我的父母，另一方面也在北京各处游玩。马丁毕业于瑞士苏黎世联邦理工大学和英国伦敦大学学院（UCL），是个典型的"理科男"，对北京的很多事物都非常好奇。

当时，从我父母家的客厅中向外望去，正好能看到位于方庄的东方医院建筑工地。对我来说，工地永远是个嘈杂繁忙还比较危险的地方，有什么好看的？他却俯瞰着工地看了许久，最后说："好奇怪！在瑞士的工地上，总会有很多大大的工业

马丁·格吕贝尔 1995
年拍摄的北京方庄东
方医院工地

废物箱，装着各种各样的垃圾，比如包装用的塑料膜什么的。
这个工地上没有废物箱，也看不到建筑垃圾，干干净净的，真
想知道他们是怎么做到的。我能不能去问一问啊？"

说到做到。吃过午饭，我俩到了施工现场。因为是外人，
我们不敢直闯进去，就在工地大门外等候。不多会儿，正好一
名戴头盔的建筑工人从外面回来，我们急忙迎上去，大概说明

来意，说想见见工地的负责人。那名工人普通话不是很好，但听懂我们的意思后，非常痛快地直接把我们带到工地里。走到一溜平房前，那名工人说，这就是领导的办公室了。我俩先敲了敲门，里面有人大声喊："进来！"进去一看，里面几人刚吃完饭，正围坐在矮桌前聊天呢。我们三言两语解释了一下，其中一人高兴地表示欢迎。他自称姓马，是这个施工项目的总经理。马丁向他道谢，然后就开始请教各种问题，我充当翻译。马总经理有问必答。比如，办公用的平房是砖房，砌砖用的泥不是太牢固，工程结束后可以把砖块拆下，重复使用；工地的围墙也同样办理；碎砖什么的可以就地当作填料使用；废弃的玻璃、金属什么的，有人专门来收购回收；所有建筑材料都分门别类地保管堆放；等等。一问一答，过了大概一个小时左右，我们才向马总道别离开。回去的路上，我也仔细观察了一下，工地上确实井井有条，看不到一点垃圾或者脏乱差的地方，可见马总管理有方。

回到瑞士后，马丁作为瑞士的权威性行业协会——瑞士工程师和建筑师协会（SIA）的理事，把这次"采访"的内容整理成文，刊登在协会的会刊上，文中提出瑞士也应当借鉴中国在施工现场的这种节约资源、尽量减少垃圾的做法。文章发表之后，收到不少读者回信，纷纷表示赞同。

不久，我的父亲专门去了一趟建筑工地，找到马总经理，向他展示了会刊上发表的这篇文章，并将其大意翻译给马总经理听。后者极为高兴，连连道谢。

让我们记住他们

汪 浩

（昆明市对外友好协会副会长）

位于昆明市盘龙区尚义街 213 号的昆明市规划设计研究院由几栋其貌不扬的办公楼组成。进入院子左手边的办公楼，顺着楼梯上四楼，人们会在迎面的墙上看见他们的照片——58 位苏黎世技术官员和专家。2012 年是中国昆明市与瑞士苏黎世市结为友好城市 30 周年。在一系列的纪念活动中，昆明的城市规划师们在自己的办公楼里贴出了与那些曾经和正在共同工作的苏黎世专家的照片。

每次我经过这面墙，都会停下脚步。他们当中有的人我十分熟悉，有的人只是在工作中打过交道。我看见他们在照片里微笑、沉思，眼神里透出睿智、理性、真诚。我知道他们所有人来昆明之前都没有想到自己会和这座中国城市产生如此深刻的交集：亲眼目睹昆明从一个安静的中国西南边陲省会城市变为一个现代化繁忙的大型都市和区域中心城市，直接参与这个城市在供排水、公共交通、城市规划、滇池治理、旧城保护、低碳城市领域的众多项目，能够在昆明的发展道路上清晰地看见自己的工作产生的结果，甚至在决定昆明未来发展的重要领域和重大项目上产生影响。我想，可能也正是专业知识产生力量这个内在原因，在过去 30 多年里驱动着一批又一批苏黎世市技术专家在昆明—苏黎世友城框架下来到昆明。在这座城市里，有许多时候就在这栋楼里，他们竭力发挥专业特长，努力克服语言文化、生活习惯、发展层次上的差异和不同，尽职尽责、灵活高效地开展工作，成为两市友好的基础中坚力量，创

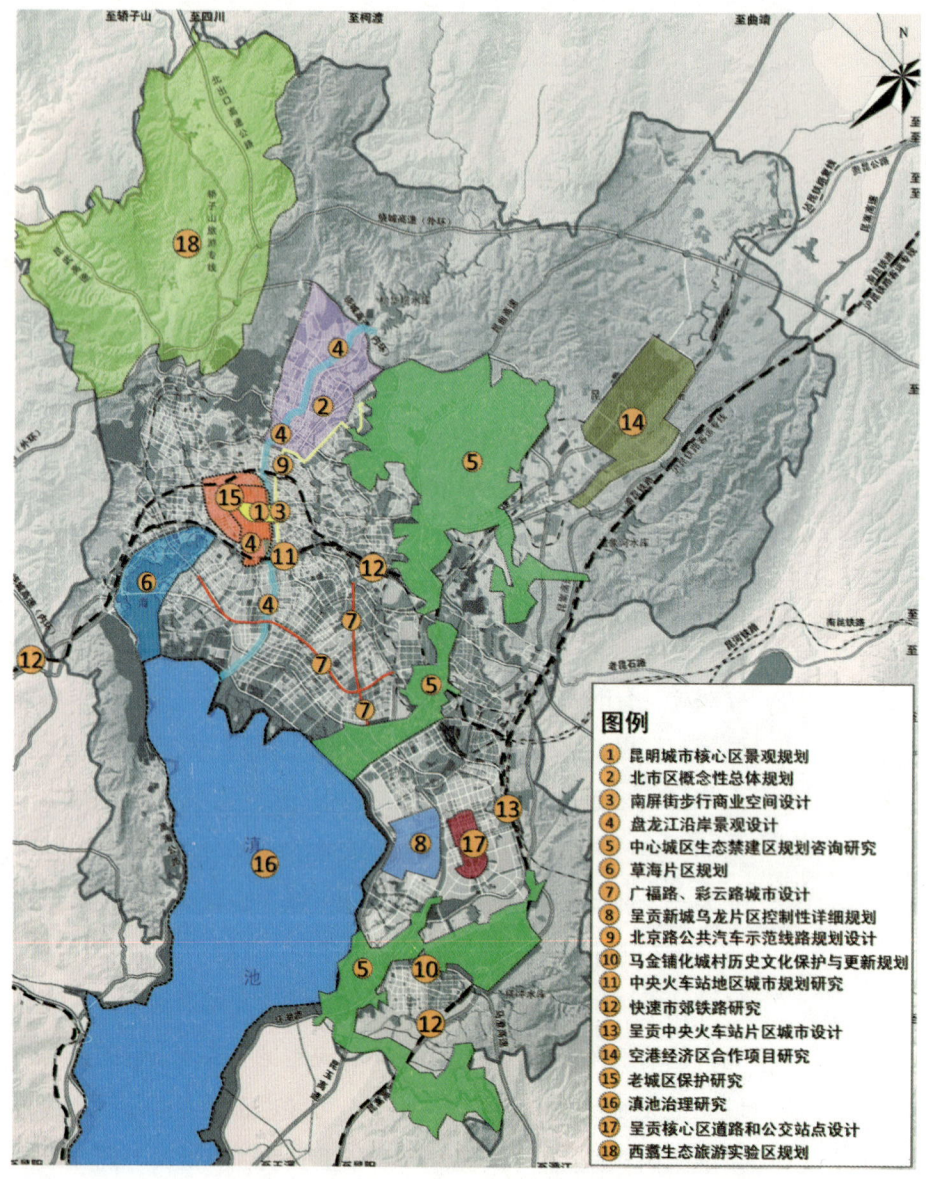

图例

1. 昆明城市核心区景观规划
2. 北市区概念性总体规划
3. 南屏街步行商业空间设计
4. 盘龙江沿岸景观设计
5. 中心城区生态禁建区规划咨询研究
6. 草海片区规划
7. 广福路、彩云路城市设计
8. 呈贡新城乌龙片区控制性详细规划
9. 北京路公共汽车示范线路规划设计
10. 马金铺化城村历史文化保护与更新规划
11. 中央火车站地区城市规划研究
12. 快速市郊铁路研究
13. 呈贡中央火车站片区城市设计
14. 空港经济区合作项目研究
15. 老城区保护研究
16. 滇池治理研究
17. 呈贡核心区道路和公交站点设计
18. 西翥生态旅游实验区规划

造出两市友好的重要成果。

　　在忙碌的工作中，我很高兴用文字记录和描述他们中的一些人和一些事，因为它们都来自于我的亲身经历和记忆。

1987—2001 年主要合作项目在昆明中心城区分布图

乌尔里希·齐默尔曼

乌尔里希·齐默尔曼（Ulrich Zimmermann）是苏黎世市供水局的副局长，也是我 1993 年来到昆明后见到的第一批苏黎世专家之一。齐默尔曼毕业于瑞士苏黎世联邦理工大学，是一名湖泊学家。齐默尔曼显然比我更了解这座城市。因为 1987 年苏黎世市供排水代表团访问昆明后，提供了一批二手实验设备，帮助昆明建立了水质化验室，并从 1988 年开始与昆明合作制定《昆明城市供排水总体规划》。这些合作项目他都参与了。

那时他大概 50 多岁，个子不高，人很精明，也很随和，在公共场合讲话不多，爱听昆明人叫他"老齐"。我对他印象最深的有两件事：1996 年 7 月我陪同齐默尔曼一行前往禄劝县云龙乡实地考察，当时正值雨季，天下大雨，一行人走在窄窄的田埂上，一边是河水猛涨的小河，一边是向外淌水的稻田。雨伞成了累赘，所有人都湿透了，一位陪同介绍的中方专家险些掉进河里。结束了实地查勘，我们找到一户农家烤火。当我默默想着在今后的安排上如何避免刚才的惊险时，齐默尔曼正和其他人烤着湿外衣，在氤氲的水汽中愉快地进行交谈。齐默尔曼此次是率瑞士专家组来昆考察外流域"引水济昆"工程，撰写项目报告。后来，那个地方成为云龙水库——现在是昆明城市最重要的水源地。1998 年 5 月，时任昆明市委书记杨健强会见齐默尔曼，我担任翻译。滇池污染逼迫昆明寻找新的城市水源，经过前期技术工作，需要决策修建当时国内投资最大的城市供水工程——掌鸠河引水工程，包括云龙水库、引水管道、昆明第 7 自来水厂。齐默尔曼向昆明的决策者详细介绍了瑞士在水资源保护、开发、管理方面的经验做法。领导听得认真，专家讲得仔细，互动频繁，两个多小时一晃就过去了。我记得最清楚的一句话，就是齐默尔曼说，要治理滇池，应该让每一滴进入滇池的水都干净。

2003 年，昆明开始大规模治理滇池；2007 年，投资 40 亿的掌鸠河引水供水工程完成建设投入使用。以齐默尔曼为代表的苏黎世供水专家在 2000 年后逐渐淡出两市合作。他退休后，我曾去过他在苏黎世附近楚米孔的家。依山而建的大宅子里住着他和妻子，还有一条温顺的狗。

欧内斯特·约斯

约斯（Ernst Joos）是苏黎世市交通局的副局长。我已记不清他是哪一年首访昆明，两市交流的大事记中记录他在 1994 年 11 月率领一个专家组来访，但我认为，作为代表团成员他第一次访问昆明的时间要更早。

1993 年至 1999 年，在时任苏黎世市第一副市长瓦格纳的推动下，苏黎世市共向昆明派出近 40 批交通规划专家，协助昆明制定城市公共交通总体规划。约斯是苏黎世与昆明在城市公共交通领域开展合作的项目负责人。1996 年，他接替苏黎世市规划局副局长克拉·西马德里担任此职，负责内部协调和对外联系。约斯是瑞士北部靠近德国的沙夫豪森州人，工作中不苟言笑，严肃认真，与人接触真诚坦荡，言出必行。他是公交优先理念的杰出宣传者和城市发展打破大饼状、走向手指状发展的理念倡导者。他经常展示的两幅图，一是一辆公交车坐满人和数十辆小汽车坐满人占用道路比较，二是小汽车充满街道后再修路，更多小汽车又堵塞新路的魔鬼循环。

1995 年 10 月，昆明市派出代表团访问瑞士、德国、法

欧内斯特·约斯

维尔纳·斯杜奇

国、奥地利，考察轻轨交通。约斯陪同代表团前往苏黎世市交通警察局听取对方介绍如何在城市内限制小汽车交通，我看见几乎所有的中方领导和技术专家都睁大了眼睛，无法理解。当时昆明市的机动车总量不到15万辆，自行车超过200万辆。对20年前的我们来说，今天在昆明的大街小巷行驶的小汽车和它们给城市管理者带来的挑战是无法想象的，但对苏黎世专家来说，他们知道那就是20年后昆明的现实，而且希望我们从那时起就有所准备。

1999年，昆明市按照苏黎世模式建设开通了国内首条公共汽车专用道；2007年，又在全市范围实施60岁老人免费乘坐公交车，极大地推进了昆明城市公共交通的发展。2014年4月30日，昆明地铁1号线开通。在车厢内循环播放的昆明地铁建设的纪录片中，有苏黎世市内轻轨和市郊列车的镜头，它们就是昆明地铁的种子。一个念头在我脑海里油然而生：尊敬的约斯先生，什么时候我能再陪同您考察昆明市的公共交通，能陪同您乘坐昆明新建的驶向春天的地铁？

维尔纳·斯杜奇

我和斯杜奇（Werner Stutz）见面次数很多。每次在会见宴请时看见了，都亲热地打招呼，可惜没有机会好好地聊一聊，深入交流一下。斯杜奇是苏黎世市文物保护局的副局长，1998年首次访昆，到2014年他最后一次来昆工作访问时，这个数字已经上升到35次了。

上世纪90年代中期，昆明的市中心还存留着成片由土木结构大瓦房组成的传统街区。在当时的城市管理者和市民眼中，它们是城市落后和不发展的标志，不仅各级政府有改造新建的冲动，居民也有尽早搬离老房子的意愿。于是，昆明和全国大部分城市一样，开始了轰轰烈烈的旧城改造。在中国，文物保护只针对名胜古迹、历史事件发生地和重要历史人物居住地，人们还没有认识到普通的历史街区、历史建筑、历史空间对城市的重要价值，结果陷入城市文化空间受到破坏、历史文脉遭到割裂、城市记忆部分消失的尴尬境地。

斯杜奇很勤奋、很有成效地开展工作。他在昆明老城中走街串巷，记录和描绘老建筑的样式，和当地居民交谈了解建筑的历史，数年内向昆明市政府提交了三份保护名录，每份名录中包含有应保护的 500 座建筑。不仅如此，他还带领由两市专家组成的"老城保护项目组"走出城市，对昆明行政辖区内的历史村镇、乡土建筑遗产进行全面广泛的调查，对昆明的 24 个历史村镇、历史街区进行实地走访和调查，完成了亟待重点保护的历史村镇、历史街区名录，形成了大量工作报告。

斯杜奇的工作直接促成昆明成立"昆明历史街区与建筑保护办公室"，将"文明街区"列入昆明历史文化中必须绝对保护的"历史文化街区"，出台《昆明历史文化名城保护规划》，梳理出全市域范围内 25 个历史村（镇）。昆明主城的文明街历史街区规划保护荣获"中国人居环境范例奖"。其中的金兰茶苑维修保护工程还获得了联合国亚太地区历史遗产保护奖（2001 年）。

我猜想，离开昆明时，斯杜奇的心情可能十分复杂：一方面，通过他的工作，这个城市至少是部分保留了历史街区、历史建筑、历史空间，他会感到欣慰；另一方面，作为专家，看着大量应该保留的城市文化记忆和历史脉络的物质载体湮没在现代化的浪潮中，永远失去，无法复制，无法追溯，他会十分失落。

特拉伯一家

　　马库斯·特拉伯（**Markus Traber**）是苏黎世市专家中的年轻人，1994 年第一次访问昆明时还不到 30 岁。他高高的个子，脸上带着明朗的笑容，讲话的声音中透出热情与淳朴。他是瑞士瓦特电气公司的工程师，受苏黎世市政府委托参与两市在公共交通领域的合作。

　　1996 年至 1998 年，马库斯·特拉伯携妻子莉莲·特拉伯（**Lilian Traber**）两次来昆常驻，担任双方交通规划合作办公室的瑞方主任工程师，重新规划昆明市公交网络，设计了第一条现代公共汽车线路——公交专用道，完成了现代有轨电车一号线的技术研究。上世纪 90 年代末的昆明给外国人提供的生活条件不比现在，没有互联网、汽车、西餐馆、咖啡馆、麦德龙。虽然整体工作生活条件已经与 80 年代大有进步，但还是给特拉伯和妻子在昆明的生活和工作带来了不小的烦恼。当莉莲·特拉伯正为购物、卫生伤脑筋的时候，她的丈夫也在为工作任务不充足、昆明合作方准备不充分而郁闷。令人欣喜的是，这时他们的第一个孩子——女儿卡琳娜·特拉伯已在昆明孕育。他们回苏黎世生产返回昆明后，特拉伯一家三口就成了昆明市外事活动中的有趣之处：一个尚在襁褓中的洋娃娃，瞪着蓝色的大眼睛，好奇地看着成年人们讲话干杯。小家伙一哭，她妈妈就只能带她迅速离开。

　　1998 年底，我参加了为特拉伯一家举行的欢送仪式。这一别就是 15 年，再次见到特拉伯和他女儿已经是 2014 年的事。特拉伯现在是苏黎世州交通局副局长，女儿卡琳娜是一名职业学校绘图专业的学生。久别重逢，在昆明一家古老建筑改建的餐馆里，我们十分愉快地回忆双方的青春岁月，感慨时光流逝，也为老朋友相见深怀感激。数周后，我的邮箱里收到了卡琳娜的邮件。这是她的毕业论文，题目是苏黎世—昆明友城关系。令人欣喜的是，卡琳娜希望未来有机会像父母一样来昆明生活和工作。更令我感慨的是，她在自己的论文后附上了向近十位长期为两市友城关系工作的人士提出的书面采访实录。所有的人，包括苏黎世市老市长瓦格纳和我自己都认真地回答了问题。作为一个瑞士普通职业学校的毕业生，她策划收集第一手材料所表现出来的基本思路让我不由自主去对比中国和瑞士的教育理念。

迭哥·萨尔美隆

迭哥·萨尔美隆（Diego Salmeron）是瑞士联邦理工大学衍生公司 LEP 规划景观设计公司的首席执行官，毕业于苏黎世联邦理工大学乡村工程学专业，是瑞士注册规划师。他曾多年担任苏黎世联邦理工大学空间与环境规划系的研究员，主要研究方向是区域和城市的可持续发展，包括环境规划方面的课题。从名字就可以看出，他是西班牙人后裔，性格随和灵动，与中方交流十分顺畅。

我们认识时，他还是苏黎世联邦理工大学权威专家威利·施密特教授的助手。在一次活动中，他对我说，自己是一条小鱼。现在，让我们来看一看喜爱昆明、喜爱中国的这条小鱼从上世纪 90 年代中期到昆明开始，在近 20 年的时间里经过的项目历程：中瑞合作"中国环境"培训及研究项目、中国云南省至 2025 年的区域规划、中国云南省昆明市至 2020 年的区域规划、中国云南省昆明市官渡区至 2020 年的次区域规划、中国云南省大理州剑川县沙溪复兴工程第三期和第四期项目、中国云南省昆明市晋城至 2020 年的本地综合规划、中国安徽省淮北市至 2020 年的矿区城镇发展、中国广东省佛山市至 2020 年的西江新城规划、中国云南省昆明市滇池国际城市湿地公园至 2015 年的概念规划、中瑞管理培训项目之海南省行动学习计划、中国云南省昆明市晋城南城总体规划、中国云南省昆明市滇池国际城市湿地公园的"瑞士园"、中国云南省昆明市草海片区城市设计项目、中国北京市王平镇"中瑞生态谷"项目、昆明中瑞生态科技产业园初步概念规划研究、中国内蒙古鄂尔多斯市内一个房地产一级开发项目的初步概念规划研究、福建省南平市"武夷新区总体规划"、武汉"中国生态鸭谷发展规划"、黑龙江省抚远县及黑瞎子岛以及越南至 2025 年的城镇规划。目前，LEP 公司正在参与江西南昌市红谷滩新区九龙湖片区的规划设计。

可以看出，迭哥·萨尔美隆作为瑞士规划师，已从阶段性的友好城市合作项目自然地进入中国广大的规划市场。如鱼得水，中国项目成为该公司的主业，位于昆明的中国分公司即将设立。

米歇尔·玻利

首先，让我们深切缅怀逝去者！2003 年 4 月 23 日 12 时，瑞士苏黎世市供水局专家米歇尔·玻利（Michael Bolli）和夫人毛瑾女士在西藏羊卓雍湖风景区旅游时遭遇车祸，米歇尔·玻利遇难，毛瑾女士轻伤。噩耗传到昆明，市有关部门迅速与西藏方面取得联系，了解情况，报告上级，主动协助处理善后事宜；传到苏黎世，让我和夫人陷入极度震惊和悲伤之中。因为仅仅一个多月前，我们还在他们苏黎世的小家中做客，相谈甚欢。

米歇尔·玻利是苏黎世市供水局的管网专家，1995年进入两市供水合作项目。与其他专家不同的是，他不仅在昆明工作访问，而且还在昆明找到了自己的爱情，与昆明弹钢琴的女孩毛瑾结了婚，成了昆明的女婿。记得那年我正在驻苏黎世总领馆的领事部工作，玻利说希望结束昆明的工作后前往西藏旅游。我向他介绍了外国人作为散客入境中国后去西藏的规定，他可以在国内寻找一家旅行社报名临时组团前往西藏。我还告诉他，1991年，我在西藏国旅拉萨分社当过德语导游。我向他确认西藏确实是一个旅游胜地。没有想到，这一谈话竟成永诀。

米歇尔·玻利

当年5月回到昆明后，我去探望了毛瑾。她向我哭述，在他们前往昆明前，苏黎世家里的两只心爱的烛台突然爆裂一只，她视为不祥，是玻利百般安慰。在车祸发生、车辆倾覆的瞬间，她被推出车窗外，但她已不能复述当时的情形。

2008年夏天，我和夫人在昆明圆通寺的大门处突然听到一个熟悉的声音，顺着声音一看，原来是我当年在国旅拉萨分社的同事李君。李君是广外德语系毕业，高我一级。当年，国旅拉萨分社在重庆招聘我们二人，我们一同从成都双流机场进藏，进藏后住在一个宿舍里。我在西藏工作的时间不长，李君一直在西藏从事旅游工作。老友重逢，互留电话、互道珍重后，我突然想到一个问题：如果我和李君一直保持联系，我肯定会建议玻利去找他，那么玻利和毛瑾的命运是否会改写？

现在，我和夫人还会回忆起与他们的交往。愿逝者安息，生者坚强。

后 记

　　为配合我国周边外交和公共外交，五洲传播出版社与外交笔会联手策划出版"我们和你们"系列丛书。2015年适逢中瑞建交65周年，将《中国和瑞士的故事》纳入其中，是一件很有意义的事。

　　瑞士是最早承认并同新中国建立外交关系的西方国家之一。对此，中国政府和人民给予极高的评价。两国建交半个多世纪以来，世界政治格局和国际关系发生了天翻地覆的变化，但中瑞关系一直保持友好交往，被称为中西方国家不同社会制度友好关系的典范。

　　这本文集共有25位作者，其中包括6位瑞士朋友。中方作者中，有曾在不同时期在中国驻瑞士大使馆、总领事馆长期工作过的大使、参赞、总领事、秘书等外交官员；也有记者、友好城市、友好学校，以及华侨和前留学生代表。瑞方作者的参与，成为本书的一大亮点。他们是：瑞士前驻华大使，瑞中协会主席、副主席，友好学校的前校长，曾在中国工作多年的专家，新时期参与中瑞技术合作的公司代表。

　　两国的作者们满怀激情，认真撰稿。他们从不同时期、不同层面、不同视角，聚焦同一主题——歌颂中瑞两国和两国人民之间的友谊。他们根据自己的亲身经历，有对两国国情、民情的观察和感悟，有对朋友交往深情厚谊的美好回忆。作者们都是构建中瑞两国半个多世纪友好关系的参与者和见证者。他们所写的一个个故事，有细节花絮，情节生动，十分感人，配有照片，颇具可读性、趣味性。这些珍贵的历史回忆，是作者们献给中瑞建交65周年和广大读者的一份厚礼。

　　在此，我向这些积极撰稿的老领导、老同事、老朋友，以及瑞士老朋友、前驻华大使周铎勉（Dominique Dreyer）

先生，原瑞士在华专家鲍越、鲍爱乐夫妇（Elo und Juerg Baumberger），瑞士因特拉肯中学前校长莱辛（Helmut Reichen）先生和瑞士LEP规划咨询公司首席执行官迭哥（Diego Salmeron）先生表示衷心的感谢。

中国现任驻瑞士大使许镜湖女士、瑞士现任驻华大使戴尚贤（de Dardel）先生和瑞中协会主席瓦格纳博士（Dr. Thomas Wagner）在百忙中为本书撰写了序言，对本书的出版给予高度评价。谨向他们表示衷心的感谢和崇高的敬意。

本书在编辑过程中得到了五洲传播出版社、外交笔会、外交部欧洲司三处、瑞士驻华大使馆和中国驻瑞士大使馆等单位的大力支持和指导。在此，也表示真诚的谢意。

希望本书的出版能得到广大读者特别是青年朋友的关注，为传播和加深中瑞友谊作出贡献，为两国友好关系的发展更上一层楼添砖加瓦。

许颖之
2015 年 10 月